お金儲けは「インド式」に学べ!

Hiroki Nose
野瀬大樹

ビジネス社

はじめに

ちょうど、この原稿を書いている2日前のこと。

インド人弁護士とデリーのレストランで会食をしていた。彼は海外留学経験もあり、何社もの外国企業をクライアントに持つやり手の弁護士だ。一方の私は何者かといえば、同じくデリーに自分の会社を持つ日本の会計士である。

彼とはその日が初対面だったが、私のようにインドで独立して仕事をしている日本人がよく受ける質問をやはり聞かれた。

「どうして日本人の君が、インドでビジネスをやってるんだい？」

私がインドで商売を始めることとなった理由は非常にカンタンで、「独立してやっている日本人の会計士がいない」と聞いたから。特に突出した実績もなければ、親の代からの地盤もない一会計士にすぎなかった私にとって、当時、インドは非常に魅力的なマーケットに見えたのだ。

そんな話をしたところ、続けざまに彼から、これまたインド人が必ず聞いてくるテッパンの質問が飛んできた。

「ところで、インドの印象はどうだい？」

まぁ、相手がインド人ということもあり、喜ばせようと少し盛った表現でインド経済の元気さを褒めたたえたところ、彼は大いに満足だったようで、

「やっぱり君もそう思うか！　デリーは２０３０年にはトウキョウを追い越して世界最大の都市になるだろう。そのころには、ＧＤＰもチャイナを抜いて世界一になっているかもしれない。大気汚染の問題もあるけど、あと5年もすればエコがブームになって空気もどんどんキレイになる。それから……」

と、マシンガントークで返してきたのだ。

口には出さなかったが、内心「うーん、そんなにうまくいくわけないやろ」と思ったと同時に、ちょっとだけ感心した。**「インド人って、万事こんな感じで異様なほどポジティ**

ブやな！」と。

とにかく、こと経済の展望に関しては、アゲアゲな話をする人が非常に多い。「今日より明日は必ず豊かになる！」と、13億人の国民みんなが信じているといっても過言ではないだろう。しかも、インド経済というマクロな話だけではなく、自分の商売というミクロな話題に関してもそうだ。

「いま、ビジネスはどんな感じ？」

とたずねると、

「最高や！」

「絶好調や！」

「メチャクチャ儲かっとるで！」

と誰もが答えるのだ。

〝ゼロ成長〟が続く日本とは異なり、実際、毎年6〜7％の経済成長を続けている国なので、ある程度気持ちが「上がる」のはわかる。ただ、インドでビジネスを始めたころは、正直、こうしたインド人の「調子のよさ」を見るにつけ、「いい加減な人たちやなぁ」と感じていた。とりわけ私の仕事は、インドに進出している日本企業のサポートなので、否が応でも日本とインドの人、文化、考え方の違いが目についてしまう。

ところが、9年も現地でさまざまなインド人と触れ合っていくうちに、徐々に私の考えは変わっていった。

インド人の「いい加減さ」こそが、この国のダイナミズム、あるいは「元気さ」を生み出している源泉なのではないだろうかと。

もちろん、本文でも説明するように、「いい加減さ」ゆえの危うさや問題点もある。だが、それを差し引いても、この日本にはない（いや、かつてはあったのに、いつの間にか失ってしまった）「元気さ」から、学べるところは大いにあるはずだ。

おそらく日本人の目から見るとトンデモなく〝非常識〟なインド人のやり方で、なぜ、みんなハッピーに生きていけるのか。そして、仕事を通じてお金をガツガツ儲けられるのか。きっとヒントが得られると思うし、そうなれば私としても望外の喜びだ。

「怖いもの見たさ」でかまわない。ぜひとも、マスコミでは絶対に報じられない、ナマのインド式「お金」と「働き方」の流儀を存分に味わっていただきたい。

日本人の「真面目さ」「緻密さ」に、インド人のマインドという「スパイス」が加われば、きっと〝世界最強のビジネスパーソン〟が完成するはずだ。

お金儲けは「インド式」に学べ！　目次

PART 1

即座に、かつ猛スピードで動くインド人 なかなか動けない、決められない日本人

PART 2

30年間給料が増えない日本 毎年10％以上給料が増えるインド

PART 3

世界的企業のトップに立つインド人
リーダーシップが根づかない日本人

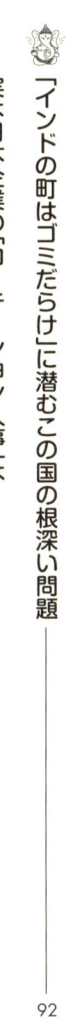

PART 4
ミスをしたら自分の責任と感じる日本人 ミスをしても自分のせいだと思わないインド人

PART 5
お金持ちがバッシングされる日本 お金持ちが大絶賛されるインド

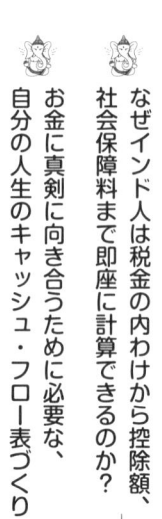

PART 6

お金があるのに将来が不安な日本人
お金がないのに希望に満ちたインド人

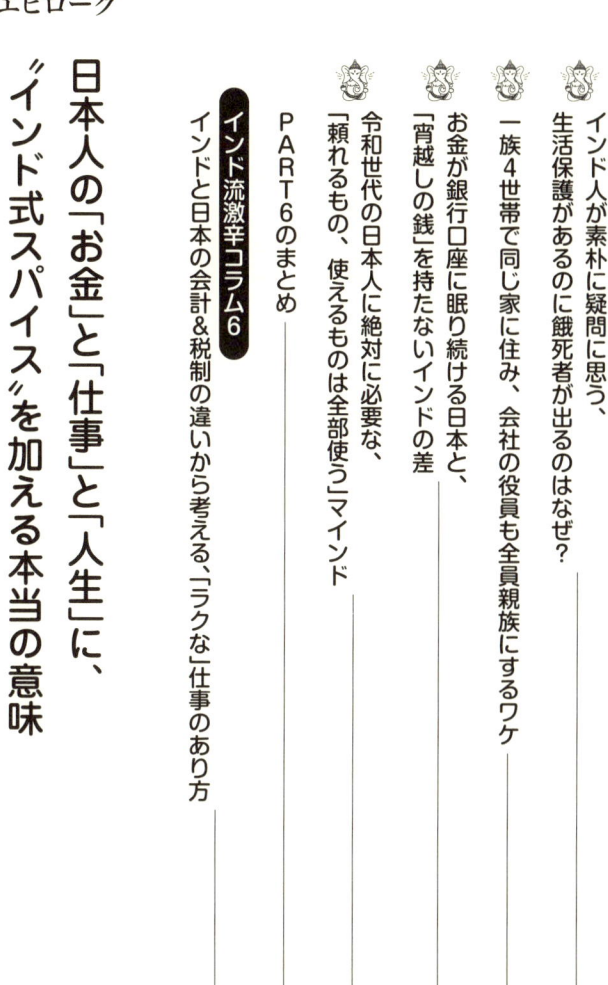

PART 1

即座に、かつ猛スピードで動くインド人 なかなか動けない、決められない日本人

なぜインド人富豪は「日本企業とはビジネスをしたくない」と語ったのか？

私がインドで会社を立ち上げて、ビジネスをしていると日本人に言うと、たいていこんな感じで返される。

「え、インド！　大変ですね！　暑いんですよね？　水とか大丈夫ですか？　たしか牛肉は食べられないんですよね？」

実は、このような生活面においては、特に何の問題もない。水はミネラルウォーターならどこでも手に入れられるし、1年中真夏日というわけでもない（ただし、あのマクドナルドでもビーフが食べられないのは事実だが……）。

では、インドで生きていくうえで一体、何が大変なのか。実際のところ**一番キツイのは、社内外での「インド人とのやり取り」**だ。彼らのマインド、仕事の進め方は、当たり前といえば当たり前だが、日本人とはまるっきり違う。そういった個人個人間のギャップに、いちいち対応しなければならないのが、とても大変なのだ。

インド人ビジネスマンに対する皆さんのイメージは、どのようなものだろうか。おそらく、よくいえば非常にアグレッシブ、悪くいえば「前のめり」「ガツガツ、オラオラ」な人が多いというものだろう。

で、事実そのとおり。日本企業との合弁事業を提案として持っていくと、目を輝かせて「やろう、やろう!」と、その場で即答されることが多い。当然、そこから出資比率や役員数など重要なことを詰めていく。

そして、どんなときでも彼らが口にする言葉は、

「いいね!」

皆、満面の笑みで外国企業と取引できることを大喜びし、ビジネスが成立するのだ。

ところが、ここ3、4年、このような風向きが少し変わってきたように感じる。

4年ほど前、日系企業がインドでジョイントベンチャーを一緒に立ち上げるインド企業

を探していたので、何社か現地の企業をピックアップしてコンタクトをとってみた。最初に会うことになったのは、地元の州ではそこそこの規模を誇っている企業だ。もちろん、経営者たちはインドでは確実に「富裕層」に該当する。

当然、ノリノリのハイテンションで話に乗ってくると思いきや、「日本企業とは取引したくない」と、非常にローテンションなトーンで言われてしまったのだ。しかも、このようなケースが目立ち始めている。

これは、現地の不動産ブローカーと交渉する際も同じ。インドで製造業を立ち上げる際、当然、まずは工場用地を探さなければならない。しかし、日本のようにインフラが整備されているわけではないインドで、工場に適した土地を探すのは一苦労だ。

そのためには、いいロケーションの土地をインド人ブローカーから紹介してもらわなければならない。ところが、私が紹介しようとしているクライアントが日本企業だと知ったとたん、急にやる気をなくす事例がぽつぽつ出てきている。

一体、「日本企業が敬遠される」理由は何なのだろうか。私は知人のインド人ビジネスマンにその理由を聞いてみたところ、返ってきた答えはきわめてシンプルなものだった。

「とにかく日本企業は何ごとも遅いから、待っていられないんだよ」

「ジョイントベンチャーで新しい会社を共同で立ち上げよう！」という話が盛り上がっても、当然すぐに「ＯＫ！」とはならない。まず、合弁計画を本社で何カ月も協議。そして、予算を組み取締役会を通すことになる。

もちろん、この段階で「ＧＯ！」とはならない。すべての役員間での調整が済んで初めて、ようやく実際の条件交渉に突入。そこで話がまとまったとしても、まだまだ終わりではないから、インド人にはたまらない。

条件交渉が妥結したらしたで、今度は契約書ドラフトのレビューとなり、本社法務部での気が遠くなるほど長い回覧作業が待ち受けているのだ……。

しかも、それでビジネスがスタートするのなら、まだマシかもしれない。

何度も何度もミーティングを重ねて、インド側企業は質問を受けて、調査もさんざん受けたにもかかわらず、最後に、

「いやー、今回はやっぱりやめにしときます」

などというケースも実際に多々ある。もちろん、そうなった際の「前のめり」なインド人実業家のガッカリ感たるや相当なものであることなど、いうまでもない。

ゼロ成長が続く日本と異なり、毎年6〜7%台の経済成長を続けるインドに進出したい企業は世界中にヤマほどある。**たとえるならインドは、「オレとつき合ってくれ！」と言い寄る男性があとを絶たない、何ともいいようのない魅力を持つ女性のようなもの**（このたとえ、もちろん男女逆でもかまわない）。

で、そんなライバルが大勢狙っている異性を前にしているのに、

「いやぁ、ちょっと待って。まずは姓名判断をして、あとはうちの両親に相談をしないと。あ、ボクはおばあちゃん子だから、おばあちゃんの了解もほしいな」

と言っていたらどうなるだろうか。当然、選択肢がたくさんあるその魅力的な女性は、

すぐに別のイケてる男性のもとに走ってしまうに決まっている。

とにかく、**インド側の富裕層やビジネスパーソンの間では「日本企業は動きが遅い」、言い換えると「メンドくさい」という見解が広がりつつある**ということだ。

では、皆さんのなかにも感じている人も多いであろう、日本企業が「メンドくさい」ことの根源は、どこにあるのだろうか？

1ルピーも生み出さない日本企業の「100点主義」とは？

戦後、日本は製造業で世界にその存在感を示してきた。そうした製造業の快進撃を支えてきたのが、日本に何百年も前から根づく「職人意識」、言い換えると「100点主義」である。

100点主義の世界では、常に「よりよい」ものを目指す。最初は設計書どおり寸分の狂いもない完璧なものをつくる。しかも、それに甘んじることなく、さらにどんどん改良を加えていく。

このあくなき〝完璧さ〟を求める「100点主義」の思考が、世界に冠たるメイド・イン・ジャパン製品の数々を生み出したことは間違いないだろう。

問題は、こうした「100点主義」が日本中を覆ってしまっていることだ。

品質に完璧が求められる製造業なら「100点主義」でもかまわない。だが、日本人の生来の〝生真面目さ〟がそうさせるのか、あるいはミスを怖れる〝リスク回避主義〟がそうさせるのか。あらゆるジャンル、場面で、この「100点主義」が顔を出しがちなことこそが問題だと、インドで改めて思い知らされたのだ。

先ほど紹介した、インドでのジョイントベンチャーの件を振り返ってみよう。

生き馬の目を抜く途上国ビジネスの世界で、その意思決定の手続きにまで「100点主義」を取り入れていれば、当然、事業展開は周回遅れになる。**「石橋を叩く」のはもちろん大事だが、何度も慎重に叩いているうちに、ライバルは皆、先に橋を渡ってしまう。**だから、はなからビジネスパートナーの候補から除外されることになるのだ。

もちろん、海千山千のインド企業とジョイントベンチャーを立ち上げたり、取引を行ったりする以上、調査や交渉を入念にやる必要があるのはわかる。ただ、その調査や交渉が終わったあと、さらに最終的な意思決定などの社内業務に膨大な時間を要してしまう。

それが、どん欲に利益、お金を求めるインド人の富裕層には、まったく理解できない。

日本から依頼されたチェックリストや工程表について、相手のインド人経営者に説明していると、彼らはウンザリした顔でこう言うのだ。

「その作業は1ルピーも生み出さないじゃないか」

インドの経済成長を引っ張り続ける「迷わずトライ」という国民的気質

では、一方のインド人のビジネススタイルはどうなのか。

こちらは、皆さんのイメージを裏切らない「100点主義」からはほど遠いもの。「70点」

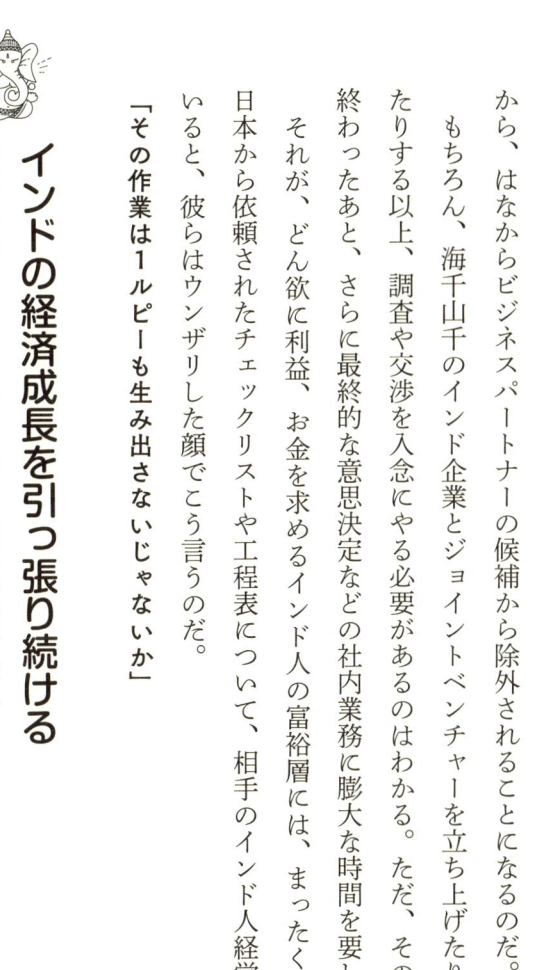

と言いたいところだが、インド在住の日本人ビジネスマンに言わせると「70点なんてとんでもない。せいぜい60点だろう」との声が返ってくる。

一方で彼らは、**日本人にはとてもマネできないような「見切り発車」が、とてもうまい。**一緒にビジネスを進める話が出ると、もうその日の夜には契約書のドラフトを送ってくることとすらある。

しかも、日本ではありえない話で、その契約書ドラフトもたいていがタイプミスだらけ。それでもおかまいなしに、とにかく猛スピードで送ってくる。

こっちは面食らって「のちほど検討します」と言う。すると、翌日にはさっそく「契約書はどうだ?」とメールで催促がくる。それを無視していると、今度は電話がかかってくるという具合だ。

この背景には、インド企業の場合トップに権限が集中しているケースが多いという理由もあるが、それよりも、彼らの**国民的気質ともいえる「とりあえずやってみる」「5割以上の確率があるんだったら、迷わずトライ」というマインド**があると、強く感じる。

私はこれを**インドの「60点主義」**と名づけている。

実際に、こんなことがあった。

ある案件をインド人弁護士と共同で進めることになったので、私は彼が担当する法務の部分についての工程表を依頼した。

簡単にいうと「その作業に何日かかるのか」を図にしてほしいということ。すると、彼はこう言った。

「そんなの、実際始めてみないとわからないよ！」

そうなのだ。インドのような国だと、プロジェクトをローンチして初めて、当初は予想もしていなかったさまざまな問題点やトラブルが判明することが多い。こうなると、その場その場で問題を解決して進めていくしかないのだ。もちろん、想定していたスケジュールが狂うことなど日常茶飯事である。

ただクライアントの日本企業は工程表を求めているので、

「それでも過去の経験から、何となくでもスケジュールのイメージくらいつくでしょ。プロフェッショナルなんだからさ」

と再度依頼した。すると

「そんなできるかどうかもわからない段階で『〇カ月でできます！』って言うほうが、よっぽどプロフェッショナルじゃないでしょ！」

というド正論が返ってきたのだ。

何が起こるか事前に正確にわかるわけないのだから、予想など立てられるはずがない。それよりも、まずは始めてみて、それから最善の道を構築する……。それが、彼らインド人ビジネスマンの基本的な思考なのだ。

経済成長著しいインド。その強さの秘けつとして、あの国が抱える13億の人口に焦点が当てられることが多い。

それも重要な要素であるのは間違いないが、加えてこうした「60点主義」こそが、インド経済の高成長をけん引しているのだ。

道路に穴ができたのなら、自分たちで埋めてしまえ！

こうしたインド人の「とりあえずやる」精神の源とは何なのか？

インドには、**「ジュガード」**という有名な考え方がある。これはヒンディー語で**「機転」「知恵」といった意味の言葉で、意訳をすれば「とりあえず、いまあるものでやってしまおう」ということ**だ。

インドの町を車で走っていると、よくこんな光景を見る。道路のアスファルトがめくれ上がり、大きな穴が空いている道路だ。

皆さんのイメージどおりかもしれないが、インドのインフラは脆弱なため、実際、こうした〝トラップ〟が非常に多い。もちろん、それを放置しておいたら車は通れない。ではどうするか。

日本なら役所にでも連絡して、すぐに補修工事をしてもらうだろう。しかしインドの場合は一味違う。**そこにいる人みんなで、その場にある石や砂利で穴を埋めてしまう**のだ。

もちろん石や砂利が敷かれているので、その道路の走り心地は悪い。何度も走るとまた穴ができるし、雨が降ればぬかるみになってしまう。しかし、腰の重い州政府の対応を待っていても仕方がないので、彼らは「とりあえず、自分たちでできることをやってしまおう」＝「ジュガード」という考えになるのだ。

インドでビジネスを始めたばかりのころは、このインドの「ジュガード」が非常に非効率なものに見えた。

恒久的な解決策を打たずに、とりあえず「その場しのぎ」の対策ばかりに終始するインド人の発想に対して、「アホやなあ、同じことを何度もすることになるのに」と思っていたのだ。

ところが、インドで働き、生活していくうちに、その考えは変わっていった。日本と違い行政などのスピードが遅いインドでは、これがベストな解決法だし、とりわけ、**目まぐ**

るしく進化を遂げるグローバルビジネスの世界では、この「とりあえず、できるところからやってみよう」という考え方こそが、非常に力強い〝武器〟となるのだ。

日本人は、この「とりあえずやってみよう」が本当に苦手だ。目の前に絶好のチャンスが来ても、準備がきちんと整っていないと、「とりあえず様子を見よう」となるケースがほとんどだ。

完璧に準備が整わないとスタートしてはいけない。最後にどうなるかまで、きっちり事前に計画を立てる。計画が立たなければ、手をつけてはいけない……。

確かに準備するのは大事だ。しかし、いうまでもなくビジネスの世界では、100％の準備を待ってくれない状況など、いくらでもおとずれる。そうこうしているうちに、いつの間にかそのチャンスを他人、他社にかっさらわれてしまうなどというのは、実によくある話なのだ。

世界をリードするインドIT産業を支える「60点主義」

話をインドに戻そう。

「ＩＴ大国インド」という言葉を日本でも聞くようになって、ずいぶんたつ。ＩＴ企業のアウトソーシングや研究開発拠点、さらにはＩＴ人材の輩出国、しかも英語と数学に強い……。こうしたことから、「インドといえばＩＴ産業」といっても過言ではないくらい、その競争力の高さは日本を含む世界に知れ渡っている。

ではどうしてインドが、これほどまでにＩＴ分野でのし上がってこれたのか？

一般的に言われているのが、**数千年以上の歴史をもつ独自の身分制度「カースト」の存在**だ。実はカーストは現在、憲法では否定されているのだが、慣習としてインド社会に根強く残っている。

このカーストという制度の独特なところは、身分によって就ける職業に制約が課せられてしまうこと。極端な話、**ゴミ拾いの家に生まれたら、息子も孫もずっとゴミ拾いのままなのである。**

ところが、ＩＴは新しく生まれた産業なので、このカーストの枠組みからはずれている。そのため、どんな身分、出自の人でも参入できる。結果、ガッツある人たちがどんどん集まり、ＩＴ産業はインド経済をけん引するほどの分野に成長したのだ。

ただ、これに加えてこの**ＩＴ産業でも、実は「60点主義」が非常に重要な要素**となる。どういうことか。

従来の製造業の場合だと、顧客の要望に対してゼロコンマ以下の精度まで精密につくり上げたものを納品する必要がある。そのため、各社は検品に力を入れる。

一方ＩＴ産業の場合、そのメインプロダクツといえるソフトウェアやアプリの場合、まずは顧客にそれらを提供し、その後、顧客から上がってくる問題点の指摘や改善提案、不具合を訴える声をオンラインで集め、それをもとにどんどん改善していく。

ここで「100点主義」をとっていると、当然いつまでたっても最初の商売すら始まらない。**まず60点の状態で「エイヤ!」とキックオフし、その後の不具合の報告や場合によってはクレームを受けてから、それを取り入れてどんどんクオリティを高めていけばいい。**これがインドIT産業のスタンダードであり、強さの源なのだ。

インドに世界中から お金と技術が集まる本当の理由

実は研究開発系の現場でも、日本の基準とインドを含むグローバルスタンダードの間にズレが生じている。いま、日本でまん延しているのが「100点主義の研究開発」。言い換えると「失敗がない研究開発」である。

本来、研究開発は失敗のうえに成り立つもの。しかも1回や2回どころではなく、何度も何度も失敗を重ねていくなかで、ようやく大きな成功を得られるたぐいのものだ。

このように**「失敗しないと成功しない」という前提があるにもかかわらず、「100%**

やっぱりビジネスはスピードが命！

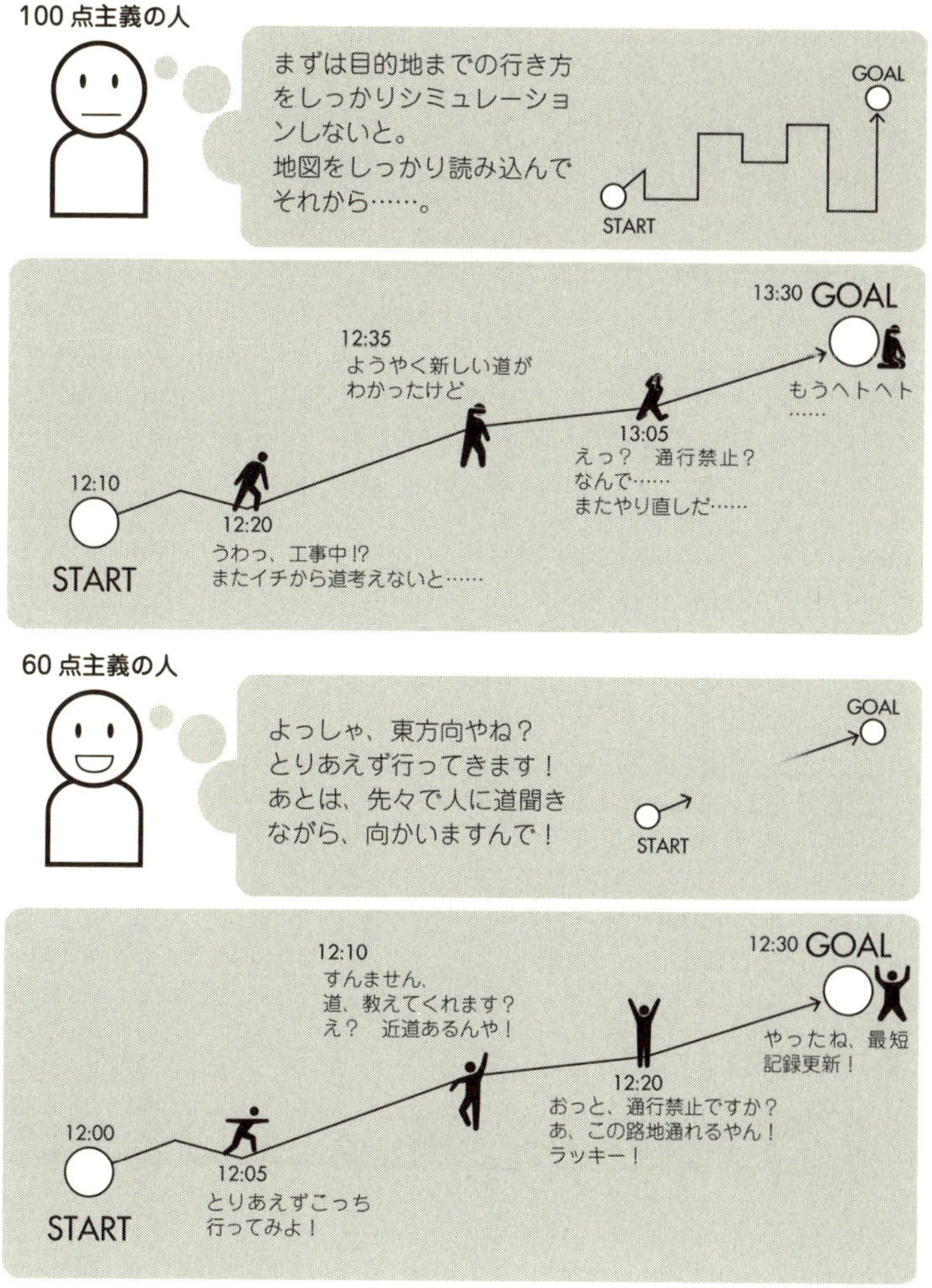
100点主義の人
まずは目的地までの行き方をしっかりシミュレーションしないと。
地図をしっかり読み込んでそれから……。
START
GOAL
12:10
START
12:20
うわっ、工事中!?
またイチから道考えないと……
12:35
ようやく新しい道がわかったけど
13:05
えっ？　通行禁止？
なんで……
またやり直しだ……
13:30 GOAL
もうヘトヘト
……
60点主義の人
よっしゃ、東方向やね？
とりあえず行ってきます！
あとは、先々で人に道聞きながら、向かいますんで！
START
GOAL
12:00
START
12:05
とりあえずこっち行ってみよ！
12:10
すんません、
道、教えてくれます？
え？　近道あるんや！
12:20
おっと、通行禁止ですか？
あ、この路地通れるやん！
ラッキー！
12:30 GOAL
やったね、最短記録更新！

成功する研究開発」を求めるため、日本では結果として「研究開発の成果を外部から買ってくる」という方法が主流になりつつある。そのため、熱意あふれる理系人材が日本企業に失望して外資系企業に転職したり、企業内の研究開発のための体制自体が潰されたりしつつあるのだ。

かつて、ある日本からのビジネスツアーに同行し、デリー郊外にあるインド系製造業の工場を見学したときのこと。

各工程をつぶさに見学したが、正直、日本の製造業の完璧さを知っている私たちからすれば、至るところに工具や消耗品が散らばっているなど、その工場のレベルはかなり低いように思えた。

新製品の研究開発部署も見せてもらったが、そこも清潔さや整理整頓の面からいっても、日本企業よりはるかに劣る。ツアーに同行していた日本人も皆、顔をしかめていた。

ところが、工場の責任者から話を聞くと、そうした「乱れ」にも理由があることがわかる。彼ら研究開発部署の研究員は、思いつきレベルの話でもすぐに行動に移すし、実際に試作品ができれば、いち早くそれを工程で反映させるように猛アピールするのだ。いちいち、工具が転がっていることなど気にもとめない。

もちろん彼らは、会社のためだけでなく、アピール攻勢によって自分の給料を上げたいという思いもあるだろう。ただ、こうした「思いつき」→「実行」のスピード感を目の当たりにした際、ふとあることを思い出した。

「そうだ！　このスピード感は、かつて次々と世界を席巻するプロダクツを生み出していった、まさに本で読んだ昭和の日本企業そのものではないか」

工場長も「研究開発なんだから、ミスはしゃーないやろ」というスタンス。必要な原材料、資材が安価で、理系人材もどんどん採用できるという日本との前提条件の違いはあるものの、研究開発分野でも驚くほどアグレッシブだと認めざるを得ない。

このように**21世紀型産業においては、日本人の目には「テキトー」に映ってしまうインドの「60点主義」のほうが、きちんと機能するケースが多くなっている。**

現に、グーグルやマイクロソフトなど世界的企業が、どんどんインドに研究開発拠点を設置。

一方、国内のベンチャーにおいても、２０１３年に起業し、瞬く間にインドの**ホテル最大手となった「OYO」（オヨ＝しかも主な資金調達先はソフトバンク・グループ！）や、配車アプリ大手の「Ola」（オラ＝しかも、こちらも主な資金調達先はソフトバンク・グループ!!）といったユニコーン企業が続々誕生**している。

それらの企業は、日本のスタートアップと比べてもスケール、勢いがケタ違いだといわれている。これも「60点主義」あってこそなのだ。

彼らは60点のものをリリースすることを、まったく恐れない。当然60点の商品やサービスだから、クレームや悪評を受けることもあるが、彼らは「反省」することはあっても、決して「萎縮」したりはしないのだ。

ここまで見てきたように、インドにおける富裕層をはじめとするビジネスパーソンの考え方は基本的に「60点主義」だ。まとめると次のようになる。

「儲かりそう」ならすぐに動く
とにかくまずやってみて、問題が発生したらその都度オンタイムで解決する

もちろん、こういったインドの「60点主義」は、拙速に動いたがゆえの失敗と表裏一体である。だが、**拙速かどうかはあくまで結果論**にすぎない。それより、まずはスタートを切ることにより、日々変化する経済事情・市場環境にもタイムリーに対応することができ、目の前のチャンスを逃さずにとらえられるのだ。

一方、常に100%準備できてからでないと、あるいは常に100%成功することが見込めてからでないと、プロジェクトが動かず予算も下りない日本の「100点主義」は、実は企業だけの問題ではない。もっと身近な私たち個々人の日々の生活や人生にまで、意外な悪影響を及ぼしている。

完璧な文法力でも英語を話さない日本人、名詞だけで会話を乗り切るインド人

その最たる例が「英語」。

結論から言うと、日本人は決して英語が下手ではない。そう断言できる。

私はインドで仕事をしていると、よく日本からの来客のつき添いをすることがある。そういった際の本来の役割は、商談などにおける会計や税務面でのアドバイスがメインなのだが、実際に私に任されるミッションは「通訳」である。

ただ、そのときにいつもこう思う。

「結局、ワシの通訳などいらんかったんちゃう?」

ミーティングをしても、日本人ビジネスパーソンはインド側が言ったことをすべて理解している。それなのに、私に「○○だと言ってください」と通訳を依頼する。そして私が伝える。ところが、私が伝えたこともまた理解している。こうして、「彼ら、彼女らだけでも立派にミーティングが進められるのではないか……」と、いつも思わされるわけだ。

もちろん、ときには知らない会計や税務の専門用語や、意味がわからない言葉も出てくるだろう。だが、そんなときは話を中断して、電子辞書で調べればいいだけのこと。あるいは、それでもわからなければ、ホワイトボードに単語を書きなぐり、相手に説明してもらえばいい。

なぜこんなことを言うかといえば、そういったミーティングをしていて思うのが、**日本人側の英語がインド人と同レベル、いや、通訳を希望している日本人のほうが、文法的にもキレイな英語を話していることがよくある**からだ。

欧米に留学経験のある一部の富裕層を除いて、**正直インド人の英語はキレイではない。文法的にも間違っていることも多い。それでも彼らは、しゃべって、しゃべって、しゃべりまくる……。無論、間違いなど気にしない。**

「どうせ商談で一番重要な話は『イエス』と『ノー』と『数字』なんやから。わからなくたって、紙に書けば理解してもらえるやろ」

というように、とにかく下手な英語で自分の主張をまくしたてる。

実際こんなこともあった。

あるインド人とのミーティングの際、私は正直、彼らが話していることの半分くらいしか理解できなかった。「ああ、オレの英語もまだまだやな」と反省して帰路につき、後日、彼らとチャットでまた話をすることに。そのとき、文字化された彼らの「ビジネス英語」を見て、私は驚かされた。

もうメチャクチャのひと言なのだ。チャットの文も「名詞、名詞、名詞」だけ。私たちが中学で習った英文法は一体何だったのか……。さらには、明らかに英語ではない、おそらくヒンディー語の単語も、ところどころにブッ込んでくる。

そこでようやくわかった。私の英語力が低いのではなく（もちろん高いわけではないが）、彼らの英語がトンデモだったのだ。そのうえに、あのインド人独特の早口である。

「わかるはずがないやん……」

それでも彼らは自信満々に、さもネイティブであるかのように英語を話すのだ。

一方の日本人は、やり方に批判も多いとはいえ、10年、いや、最近ではもっと長い期間英語教育を受ける。しかも、テキストはしっかりしているし、受験に向けて集中的に勉強もする。結果、文法的に非常にしっかりした英語を使える人が多いはずなのだが……。

どうして〝英語が話せない人〟が多いのか。

その答えは、**日本人は「話せない」のはなく「話さない」**から。ここでも「間違ったことを話してはいけないのでは？」という、日本人の生真面目な「１００点主義」の悪しき習慣が顔をのぞかせてしまうのだ。

私も、30歳を過ぎてから英語を勉強した人間なので、先述のようにうまくない。それでもインド人と日々接していると、こう思う。

「こいつらの英語も全然うまくないやないか！」

アメリカやイギリスであれば、文法と発音がしっかりしていないと、「英語がダメなヤツ」と見なされてしまう。しかし他の多くの国において、英語は日本人にとってと同じ「第2外国語」。だから、彼らは間違いを恐れない。どんどんしゃべる。ただそれだけなのだ。

インド人の「できる」と日本人の「できない」は信用するな！

インドで聞いたジョークがある。それは

「インド人の『できる』と日本人の『できない』は信用するな！」

というものだ。

私も自分の会社でインド人の採用面接をしているが、彼らに質問をすると基本的にすべて「私はできる」と答える。

「英語は話せる?」↓「もちろん！」

「会計はわかる?」↓「当然です！」

「フランス語はわかる?」↓「話せます！」

という具合だ。

最後のフランス語の質問は私のちょっとした意地悪なのだが、それでも彼らは「話せます！」と答える。実際に確認すると「ボンジュール」しか言えないくらいのレベルだったりするのだが……。

一方の日本人は、長い学校教育と受験でしっかりした英語を体系的に学んでいるにもかかわらず、町で外国人観光客に道を聞かれても、

●「英語は話せる？」↓「すみません。話せません」

となってしまう。

ところが、インド人にしてみれば

「Sorry, I can't speak English.」

と言える時点で「なんだ、十分英語話せるじゃん」となる。だから、こうした日本人の

〝英語感〟を珍妙なものだと感じてしまうのだ。

繰り返すが、日本人は英語が不得意ではない。ただ使わないだけだ。

先ほどのＩＴビジネスの世界の話と同じで、まずは60点でもいいからとりあえず話してみて、そこから徐々に70点を目指してアップデートしていくのが、本来の道筋だろう。なのに、「１００点じゃないのに、話したら恥ずかしい」と思って、いや思い込んで、せっかく基礎力がある英語を伸ばす機会を自ら失ってしまい、「英語を話せない日本人」に、なってしまうのである。

１００点じゃないと行動してはダメなのだったら、結局答えは「何もしない」ということ。それでは、成長するチャンスを失うばかりだ。

言うまでもないが、英語に関しても「とりあえずあるものでやってみよう」という考えを持つインド人のほうが、その後の成長スピードは圧倒的に早い。これが世界の現実なのである。

スキル至上主義の裏にひそむ「永遠にやらない理由探し」のループ

仮にこの「60点で始めて70点を徐々に目指す」を、日本の「１００点主義」とインドの「60点主義」の間をとって「70点主義」とでも名づけようか。この「70点主義」こそが、さまざまな分野で今後ますます必要となってくるだろう。

もちろん、ビジネスの世界で「意思決定」が求められるのは、かなり上の立場になってからの話だ。あるいは、意思決定とまではいかなくとも、上司や会社内の稟議の場面などにおいて、急に「70点主義」に切り替えるのは難しいかもしれない。

しかし、もっと日常的なこと、たとえば会社内で、スケールは小さいけれどやりたいプロジェクト、案件があった場合はどうだろうか。そんなとき、

「あ、でもオレ、そのジャンルの専門知識ないし……」

「ちゃんとスキルを身につけてから、手を挙げようかな……」

そう自分自身を〝説得〟して、興味があっても手を挙げないということが、かなりの頻度であるのではないだろうか。

これも断言するが、**100点までスキルが身につくのを待っていては、永遠に自分のやりたい仕事をやる機会は来ない。**なので「やりたい」と思ったら手を挙げて、実際に「やる」。その経験からスキルを伸ばしていくしかないのだ。

海外勤務を一度はしたいと思っているのに、「TOEIC800点を取ったら手を挙げよう」と腰が引ける。すると、たとえその点数をクリアしても「いや、やっぱり850点はないと」となる。さらには「待てよ。海外勤務するならやっぱり900点は欲しいな」。そしてしまいには「TOEFLも受けてみてから」と、**「やらない理由を探し続ける」ループに自ら逃げ込む**こととなる。

「いや、そもそもTOEICなんて日本だけで通用する資格だし……」

「海外で仕事をするんだったら、もっと高度な英語を身につけないと……」

確かに、こういう意見も一理あるかもしれない。でもよく考えてみたら、その手のアドバイスをする人は、たいがい、その「高度な英語」を売ることを商売にしている人だったりする。いわゆる「ポジショントーク」なのだ。

インド人と仕事をしてきてますます思うのは、まず「やる」ことなしに上達なんてあり得ないということ。

まず「やる」。

そして「改善する」。

これが今後も変わらない、世界的な仕事の鉄則だ。

実はこうしたことは、個人で楽しむ趣味の世界でも一緒。日本は趣味に関しても、とにかく「ニワカ」をバカにする空気がある。

「ライブで最後に必ずやるあの曲のタイトルを知らないで、よくあのバンドのファンを名乗れるな……」

「オアフ島しか行ったことないくせに、ハワイが好きって言われてもね……」

軽い気持ちで自分が興味をもっていることを言っただけなのに、こういうトゲのあるセリフが返ってきた経験など、誰しも一度や二度はあるはずだ。

スポーツも音楽もそれ以外の趣味も、ある程度知っていたり、うまくやれたりしないと「ニワカ」と言われ、堂々とやれない空気となる。**「ひとりカラオケ」などという、インド人もビックリの商売があるのもそのせいだ。**

だが、そもそも「趣味」とは、そのように極めなければならないものなのか。いや違う。それは、もはや「趣味」ではない。「修行」だ。日本人は本来「楽しむ」べき趣味にまで、「100点主義」を持ち込んでしまっている……。

それを痛感したのがインドでの結婚式。

インドの結婚式といえば、日本人からすれば度を超えた「派手婚」で有名だ。来客数が数百人など当たり前。式によっては2000人、3000人が来場する。まるで日本の芸能人の結婚式だ。

そんなインドの結婚式では、必ずといっていいほど「みんな踊る」。DJも呼んでボリウッド映画の音楽を爆音でかけ、お立ち台も設置し、老若男女踊りまくるのだ。

私も友だちや従業員の結婚式に何度も参加してきたが、その際、彼らは私のような外国人を見かけると、面白がって必ず「一緒に踊ろうよ」と声をかけてくる。

実際、もし日本でそんなこと言われたら「ムリ」と100%断るのだが、インドではいつも一緒に踊る。なぜ、日本では踊らないのに、インドでは踊るのか。

これも理由は簡単。「郷に入りては郷に従え」というのもあるが、それ以前に彼らのダンスは下手クソにもかかわらず、**「下手であろうと何だろうと楽しむのが一番！」という空気が式場に満ちているから**だ。だから、たとえ「タコ踊り」でもまったく問題ない。

インド人はこと趣味や娯楽に関しては、「60点主義」どころか「30点主義」くらいではないだろうか。とにかく「楽しもう」としか考えないのだ。

仕事で「100点主義」を徹底するのは、まだ理解できる。製造業や会計、法律、医療、建築などの世界ではミスが許されないからだ。しかし、**本来「楽しむ」ことが目的である趣味やオフタイムのすごし方にまで「100点主義」を持ち込む日本の〝空気〟など、もう読まなくてもいい**のではないだろうか。

PART 1のまとめ

- インド人の「すぐやる」スピードはハンパない
- 日本人は「100点主義」で自らを苦しめている
- 21世紀型産業においては、インドの「60点主義」のほうが、きちんと機能する
- 目指すのは60点、いや70点でいい
- 日本人は英語が下手はウソ
- まず「できません」ではなく、とりあえず「できます」からスタートする
- やり続けながらミス、エラーを修正していくほうがはるかに効率的
- やらない理由探しの無限ループに陥らない
- 「拙速」はあくまで結果論
- 私生活、趣味まで「100点主義」に縛られない

インド流超激辛コラム1

5分間の説明で「とりあえず買っとくか」とホテルを買収した富豪インド人

本文でも触れたように、私が出会ったインド人経営者ら富裕層は、日本人のようにチンタラしたビジネスは決してしない。ただ、私の知人から聞いたインド人富豪のエピソードには、さすがに驚くしかなかった。

そのインド人富豪は代々お金持ちの家の出身で、自身も起業して会社を経営。その後、会社を売却すると、個人で不動産やホテルなどを買収してビジネスを行っているという。

そんな彼があるとき、私の知人に次のように聞いた。

「こういうホテルを買わないかっていう話が来てるんだけど、日本人のアナタの目から見てどう思う？」

正直、規模もあまり大きくないし設備も古く見えたので、その知人は

「うーん、どうだろう。ボクはあんまり、何て言うか……」

と、5分あまり、やんわり「やめとけば」感を匂わせつつ説明した。すると、そのインド人富豪は、

「そっかあ。でも内装工事を一からやり直したら、日本人が好きそうなホテルにできると思うんだよなあ。まあいいや。とりあえず買っとくか」

と言って、その場で会社のマネージャーに連絡して即、購入を決定したのだ。

「ええ!? そんなに早く決めちゃっていいの?」

と、私の知人はあとになって聞いたらしいが、そのインド人富豪は

「まあ、早く決めないと他の人が買っちゃうからねえ(笑)。損したら、まあ……。何とかなるでしょ!」

とシレッとしていたという。

会計士である私の感覚だと、普通の経営者なら、もうちょっと調査して少なくとも今後10年の収益予測や、修繕費等の必要コストの見積もり、あるいは、そもそもこのホテルが

建っている土地の値段といったことを詳細に分析してから意思決定するだろう。ところが、ホテルの購入という決して小さな買い物でない、いや、けっこうな大型案件であるにもかかわらず、このようにきわめてシンプルな意思決定を下してしまう。

これがインドの富豪というものなのだろうか……。

この例とは逆に、私はかつて日本の富裕層を集めたインド視察ツアーのアテンドをしたことがある。

そのツアーで、インドの投資環境や税制の説明をしたところ、日本人のお金持ちにこう言われた。

「ワシらは2億、3億ならポンと出せるで。もちろん、ちゃんと『絶対に儲かる投資先』を教えてくれたらやけど」

投資をちょっとでもやったことがある人ならば、リスクなきところにリターンはないことくらいわかるはずだ。つまり、この日本人お金持ちも例の「100点主義」を投資にまで持ち込んでいるということ。

この間にも、オイシイ案件を世界中の人が狙っているというのに……。先ほどのインド人富豪のシンプルな意思決定とは、非常に対照的だ。

当然この意思決定スピードの差の背景には、今後の地価上昇が予想されるなど、日本とは違うマクロ経済の前提があるのは重々承知している。だが、彼らのダイナミズムというか、その意思決定の早さには、ただただ驚かされるばかりである。

PART 2

30年間 給料が増えない日本 毎年10%以上 給料が増えるインド

毎年3月の「昇給交渉」で感じる伸びるインド、縮む日本の差

毎年3月は、私を含むインドで会社を経営している日本人にとって頭が痛い月だ。それは決算月であるからでも、灼熱のインドの夏が本格化するからでもない。従業員と〝熱いバトル〟となる、「昇給交渉」のシーズンだからだ。

「給料が上がらない」と言われて30年たってしまった日本で、もはや誰もが忘れられてしまった強烈な「昇給」がそこにはある。交渉シーズンが到来し、従業員に来月以降の給与金額を伝えた直後、彼らは次から次へと私の部屋のドアをノックするのだ。

「ちょっとお話があります！」

内容は、もちろん昇給金額について。しかも、その話は「ちょっと」どころでは済まない。彼ら彼女らの主張は、ときには2時間、3時間と続く。自分がこの1年どれだけ会社に尽くしてきたか、努力してきたか。結論として「提示額より、もっともっと給料は上がるべきだ」ということになる。

そういった強烈な昇給圧力が、各所であるのだろう。**インドの平均昇給率は2019年、10%を超えた。**インドは常にインフレ状態にあるとはいえ、慢性的なデフレに悩む日本からみたら、ビックリするような水準だ。

給料がこの調子だから、家賃も同様である。オフィスや家を借りていると、その賃料も年10%の上昇がひとつの目安となる。現にインド人大家さんは、平気で毎年家賃の10%アップを要求してくる。テナントであるこちらがそれを断ると、

「じゃあ来月から出て行ってください」

と、にべもない。

とにかく、**給与も家賃もすべて「値上がりが当たり前」の世界**なのである。

ただし、これは何も経済発展著しいインドに限った話ではない。経済的に成熟している

アメリカやヨーロッパでも、給与や家賃は「上がる」のが当たり前だ。**現状維持はおろか、ときには「下がって」しまう日本は、世界的に見てもかなり特殊な国**なのである。

一体どうして、日本はこうなってしまったのか。

専門家たちはもっともらしくこう説明する。

「日本は人口が減っているから消費が落ちる。消費が落ちれば国内の儲けも減る。だからデフレが続くのもしかたがないんですよ……」

一見、正しい意見のように思える。しかし、果たして日本人の給与が増えないのは、本当に人口減が原因なのだろうか。

「ディワリ」のお祭りで気づいたインド流上司とのつき合い方

私がインドで会社経営を始めたころ、いや、正直言っていまでも非常に苦労しているのが「労使関係」、つまり会社と従業員の関係である。

彼ら彼女らはとにかく主張する。

「給料が安い」

「休みが少ない」

「こんな仕事はやりたくない」

「オレの同級生はもう車を買っている」

「友だちは社内旅行でモルディブに行っている」

などなど……。会社と関係ありそうなことはもとより、「どう考えても関係ないやん、知らんがな」という話も含めて、とにかく何でもかんでも「主張」してくるのだ。

そこには、「こんなことを言って社長に嫌われたらどうしよう……」などという発想は、みじんもない。とにかく、自分の言いたいこと、求めるものをストレートにぶつけてくる。

たとえば、インドでは10月末から11月頭に「ディワリ」という大きなお祭りがある。そ

の際に慣習として、会社が従業員にギフトとしてお菓子を配る。当然、私も毎年配っているが、あるとき従業員から、

「ボス、去年もらったディワリのお菓子、あれ、おいしくなかったですよ。買う店変えたほうがいいでしょう」

と言われたのだ。

日本なら確実に上司に〝忖度〟して、おいしくないものでも「おいしかったですよ!」と言うところだが、インドでは絶対にそうはならない。

当然、言われた当初は「なんて失礼なことを言うんや! オレがせっかく苦労して買ってきたのに!」と腹が立った。だが、よくよく考えてみたら、実は**「インド人従業員の言い分のほうが、理にかなっているんちゃうか?」と思えてきた**のだ。

日本流のやり方を貫いていたら、私は間違いなく自分の好みに従って会社の経費でお菓子を買い続ける。一方の従業員は、「マズっ!」と心のなかでは思っていても、気を使ってそれを言わない。したがって、私は従業員が満足していると思い込み、また同じ店で同

じお菓子を買う。

おそらく10年たっても、「私の自己満足のお菓子買い」と従業員の心の叫び「マズっ！」は変わっていなかっただろう。

こうした〝マイナスの無限ループ〟に気づいたので、従業員から「おいしくないですよ」との提言があった年のディワリでは、彼らから事前に好きなお店や種類を聞いてから、お菓子を準備した。

すると当然のことだが、従業員は皆ものすごく喜んでくれたのだ。私もこれならば、経費を使ったかいがあったと、「インド流上司とのつき合い方」のメリットを思い知ったのである。

日本中のお昼どきに必ず現れる
誰も幸せにしない「ランチのジレンマ」

一方、日本の職場でよくあるのは、こんなパターンだ。

「今日ランチどこ行きますか？」

という話になる。すると全員が全員気を使って
「どこでもいいですよ」

と言い出す。誰からも意見が出ないので、結局、何度も通っている「いつもの店」に行くことになる。そして全員が、

「もうこの味、いい加減飽きたよなあ」

と思いながら食べる。しかも、店を出るときはこれまた気を使って「おいしかったですね」と言ってしまう……。


経済学の世界では双方にベストの選択肢があるにもかかわらず、お互いを信用できないがためにそうした選択ができないことを「囚人のジレンマ」という。

ところが**日本人の場合、お互い信用しているのに「意見を言うのは美徳ではない」「謙虚でいたい」という慣習、文化から、このような自主的な「ランチのジレンマ」が生じてしまう**のだ。

時間とお金のムダの典型「ランチのジレンマ」

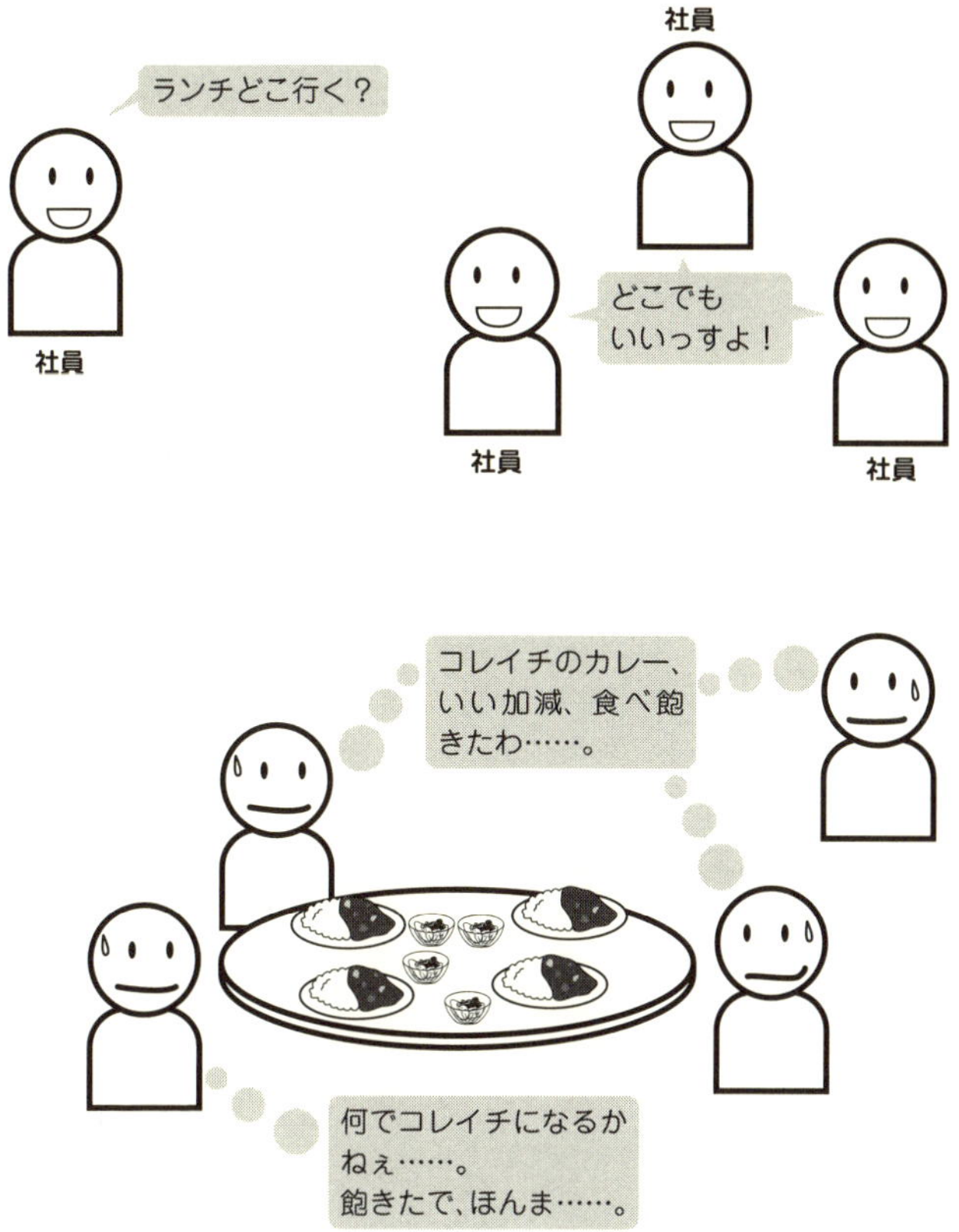

全員が「忖度」した結果、誰も幸せにならない選択がなされるという、お昼どきに日本各地で発生する「ランチのジレンマ」は、もう終わりにしよう！

忖度、あるいは「空気を読む」ことが大切な日本で実によく見る光景だが、これは本当に非効率だし結果として誰ひとり幸せになっていない。なのに、どうして「ランチのジレンマ」が引きも切らず起こるのか。

それは、**「ランチ」というある意味日常のしょうもない選択ですら、「責任をとりたくない」「失敗したくない」という意識が働く**からだ。

行きたい店はある。でも、その店が先輩の嫌いな料理を出す店だったらどうしよう。あるいは、みんなの口に合わなかったら、あとでどう思われるか不安……と**皆が皆、失敗を恐れるあまり、誰も幸せにならない選択を行ってしまうのだ。**

仕事に関しても、日本の場合、会社に対して何も主張や提言をせず、会社の方針に従って黙々と仕事をこなすことが忠義だとされている節がある。だが、実際は不満に不満をためてからの突然退職など、よくある話だ。

従業員は「オレはこんなに我慢してたのに、会社はなぜわかってくれない？」となるし、それに対して会社側は「どうして、あいつは突然辞めるんや？」となる。しかし、互いに意見を言い合わないので、その原因もわからず、今後の対策もとれない……。結局、日本だろうがインドだろうが、どこにおいても「主張」をしなければ、得てしてお互いが不幸になってしまうということなのだ。

本来、**会社と従業員の関係は契約関係であり対等**なはずである。会社は従業員の時間を買い、定められた業務範囲の業務を担当させ、その対価として安定した給料を払う。お互いその条件が気に入らなければ、条件を変える交渉、つまり意見を言えばいいし、交渉が決裂したら定められた手続きに従って契約を解消すればいいだけの話ではないだろうか（もっとも日本の場合、法律上、会社側から契約を解消するのは難しいが……）。

「いつでも転職できる」という〝逃げ道〟を周到に準備する

とはいうものの、このように「もの言う従業員」になるのは、実際ハードルが高いかもしれない。「そんなこと言ったら、それこそ上司に嫌われてしまうのでは？」と思うこともあるだろうし、事実、心の狭い上司なら「意見を言われた」ということを根に持ち、場合によっては露骨なパワハラをしてくることもあるだろう。

しかし、**たとえすぐに「もの言う従業員」にはなれなくても、「いざとなったら、いつでももの言える従業員になる」という意識が大切**だ。その意識を持つことで、会社に対する交渉力が生まれる。

ただし、この「いざとなったら、いつでももの言える従業員」になるためには、その前提条件として「いつでも転職できる準備」をする必要がある。

インド人の従業員たちは、口をそろえて「給料上げろ」と言う。続いて、「ボスがそれを認めないのだったら辞めます」と半ば脅しのように退職をちらつかせる。

この手の交渉ができるのは、**「いつでも転職できる」という〝逃げ道〟を周到に準備しているから**なのだ。

彼らは新しい会社に転職しても、すでに入社初日には、転職サイトに新たな自分の情報を登録する。つまり、常にどん欲に「よりよい条件」を探し続けているのだ。そして、少しでもいまのところよりよい条件の会社を見つけたら、もう翌月には面接に行き、場合によっては半年で次の会社に転職する。

半年で転職というのは、スキルの蓄積という観点からはどうかと思うが、それでも**「次の場所」を常に確保し続けることで、会社との交渉を有利に導くスタイルは私たち日本人も見習うべき**だ。

実際に転職するかどうかは別として、「オレに『来てくれ』という会社は、たくさんあるんやで」という状況を、常にキープしておくことが重要なのである。

日本、特に仕事で東京に行くたびに私がチェックするのが、電車や駅の広告、あるいはテレビCMだ。それらを見れば、いま、世の中で何がトレンドなのか、何に対して需要があるのか、一発でわかる。

なかでも最近、特に目につくのが「転職サイト」。場合によっては電車の車内広告の半分が転職サイトの広告だったりする。10年ほど前に比べれば、日本でも転職は一般的になりつつあるし、若い人のなかには、実際にエージェントと頻繁に連絡をとって自分の市場価値を確認する人もいるだろう。

ただ、それでも自分の価値を知るために、実際に具体的な転職先候補と面談までする人は、まだ少ないのではないだろうか。

この点でまだまだ、潜在的需要があると転職エージェント会社が思っているからこそ、あれだけ電車内が広告で埋め尽くされるのだろう。

日本人は、インド人のように「自分の価値はどれくらいなんだろう?」という点に、もっと敏感、どん欲になるべきではないだろうか。

たとえ、友だちから月給を聞いて比べたとしても、わかるのは給料が高いか低いかだけ。それだけでは、ビジネスの世界における本当の自分の〝値段〟がいくらなのかがわからない。その結果、いまいる会社の待遇の良し悪しもわからないまま、ただ時間だけが過ぎてしまうということになってしまう。

そもそも、これだけ「人手不足」なのに、若い人の給料が上がらないのは、どう考えてもオカシイのではないか。

日本人とは違うインド人の転職スタイルが「何かに似ている」と思っていたのだが、それは「株式投資」だ。自分の価値を常にチェックして「売りどき」を常に考える。いまが自分を一番高く売り込めるチャンスだと思ったら、迷うことなく「利確」する。そんなイメージだ。

日本人ビジネスパーソンは、株を買ってはみたものの、そのまま価格をチェックすることなくダラダラ持ち続けてしまっている「塩漬け株」そのもの。昔の日本のように、大概の銘柄が右肩上がりだったのであれば、塩漬け株でも知らぬ間に株価がぐんぐん上がって結果オーライ、給料もアップとなったかもしれない。

だが、そうではない昨今、投資家のように自分の価値を常に確認し続ける必要がある。

以前、私がインドで知り合った若い日本人男性は、日本の就職事情が悪かったということもあり、インドのある会社に経理担当として就職した。その会社には日本の資本も入っていたので、本社との折衝役も視野に入れての採用だったのだろう。

しかし、当然「どこでもいいから」と就職したので条件は非常に悪かった。実際に頭もいい人だったので、「この人、転職したほうがええんちゃう?」と思っていたが、他人の人生に介入するのもどうかと思い黙っていた。

その後、入社から6年ほどたったときのこと。

その人はある人の紹介で、ようやく日本国内の大手企業に転職することになったのが、その条件にビックリした。

給料は一気に3倍。福利厚生もバッチリで、もちろん日本国内勤務。

「いやいやいやいや、もうボクの給料超えちゃいましたね。ハハハ」

と笑うしかなかった。

彼はインドで6年も勤務するうちに、英会話ができるようになったばかりか、英語の決算書も理解し、連結決算の対応も英語、日本語、どちらでもOKという人材に成長していたのである。

こうして彼が、とある紹介者と出会った結果、よい転職ができたのは事実だ。だが、転職サイトに登録するなどして、常に自分の価値を測り続けていれば、もっと早くこの好待遇にたどり着けたというのも、また事実だろう。**大きな「含み益」があるのに、何年間も放置し続けてしまった**のだ。

このように、実際に転職しないとしても、きちんと自分の市場価格を把握したうえで、「転職先が（いくらでも）ある」ということを確認しておけば、現在の勤め先とのやり取りにおいて、交渉力を持てるようになる。

逆に「ここを辞めたら、もうほかに行くところはない」と思い込んでいては、会社に言われるがままの毎日となってしまう。当然のことながら、「最悪、ここを辞めることになっても大丈夫だ」と思える状態のほうが、異動を希望したり、担当したい仕事を上長に訴える際に、インド人のようにハッキリと「あれがやりたい、これがやりたい」と主張することができるようになる。これこそが「いざとなったら、いつでもものを言える従業員」の状態なのである。

「やりたい仕事をやらせてくれない」には原因があった！

実際、私の会社にいるインド人の「もの言う従業員」たちも、何も給料のことばかりを主張しているわけではない。その主張は給料以外でも明確だ。彼らは定期的な面接のタイミングで必ず、

「私はこういう仕事は好きで、こういう仕事はあまり好きではない」

「こういうジャンルの仕事に興味があるので担当したい」

と「本当に自分がやりたい仕事」についても強く主張してくる。日本でよくあるような「何でもやります！」ではないのだ。

その結果は、前に紹介した「ディワリのお菓子」と一緒である。

ストレートに自分の希望をどんどん言ってくれるおかげで、振りたくもない仕事を振る会社とやりたくもない仕事をやる従業員という不幸な関係はなくなり、双方ハッピーにな

るのだ。

もちろん、すべての希望に１００％応じることはできない。だが、きちんと希望を伝えてくれること自体、経営者である私の経験からいっても、会社全体をマネジメントするうえで、非常に助かる要素となるのは間違いない。

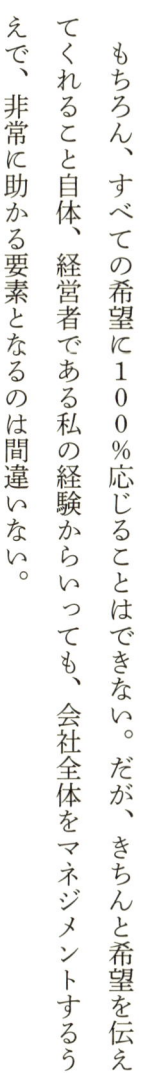

やりたいことを伝えるくらいで失うものなど何もない

私はとりわけ若い人には、会社で「本当にやりたい仕事」を常に上司に面談などの公式の場、あるいは飲み会などの非公式の場を問わず、伝えることをオススメしている。

実際、私の周りでも、当時から自分のやりたい仕事を明確にして、上司に伝え続けた人たちがいた。そうして望んだ仕事をゲットできたら、当然、モチベーションも高くなるのでいい結果を出せる。そして40代になったいま、彼らはいいポジションに就いていたり、あるいはその経験を活かして転職したりするなど、いずれもキャリアアップに成功しているのだ。

よく「やりたい仕事をやらせてもらえない」という声を聞くが、その一因となっているのがアピールが足りないということ。

会議や面談などだけでなく、飲み会の場などでも、自分の希望を言い続ける。すると、ふとしたときに仕事が降ってくるのだ。アピールもしないのに「やりたい仕事がやらせてもらえない」というのは、経営サイドからみると「そこまで面倒見きれるか！」、いや、もっとハッキリ言えば「そんなん、知らんがな……」となる。


これは自営業でも一緒のこと。

自分が何を専門にしているのか。何が得意なのか。どんな仕事を求めているのか。そのあたりを正しく認識し、広くアピールしないかぎり、世の中にあまたいる顧客たちにしても、仕事の頼みようがないのだ。

私は昔から『週刊プレイボーイ』が大好きで、よく読んでいた。『週刊プレイボーイ』は、専門家によるお金や仕事に関する、ちょっと皮肉が効いた記事がよく載っている。だから、独立したらなおいっそう、「いつか『週刊プレイボーイ』で原稿が書きたいなあ」と思っていたのだ。

そこで独立後、仕事や飲み会で会う人に、世間話としてよく「『週刊プレイボーイ』で記事を書きたいんですよね」とアピールしまくり、SNS上でも、ずっとそのように言い続けてきた。するとどうか。なんと集英社さんから連絡があり、本当に記事を書くことができたのだ。

これはインド人と同様、やりたいことや自分の希望を言い続けたたまものだろう。

やりたいことを伝えたくらいで失うものなど何もない。 インド人のようにどんどんアピールしたほうが、会社にとっても従業員にとっても、あるいは自営業者にとってもいいことずくめなのだ。

「会社はチームだ、仲間だ！」はマンガチックな幻想にすぎない

ところが、給与ややりたい仕事をどんどんストレートに伝えるべき、という話をすると決まって

「そりゃ理想的にはそうだけど、そんなことしたら上司から嫌われるかもしれないし、同僚からも妬まれるかもしれないだろ」

という反論が返ってくる。それに対する私の答えは、次のようになる。

「そうなったらそうなったで、しゃーないんやないの」

先述のように、周りを見ても20代のうちから給与もやりたい仕事も、会社の内外を問わずどんどん周りにアピールし続けてきた人たちのほうが、40歳になったとき、間違いなく仕事のキャリアで成功している。一方で、**何も言わずに黙々と仕事を続けていた人間は、その自分の思いが会社に伝わらないまま不満を募らせているか、運が悪い場合、会社にい**

いように使われる〝コマ〟になってしまっている。

本章でも書いたように、**会社と従業員の関係性は契約関係であり、友だちでもなければ仲間でもない。**

かつて私も、日本で親しんだマンガやアニメの影響で、「うちで働いてくれる連中はみんな仲間だ」と信じて会社を経営していた時期があった。だが、従業員との間でさまざまなトラブルを経験して、最後にそれは間違いだと悟った。どういうことか。

そもそも決められた時間を差し出して働いてもらい、その対価としてお金を払う関係にある〝プロとしての従業員〟のことを、「友だち」だと思うこと自体失礼な話だと気づいたのだ。ゲスなたとえ話だということは百も承知であえて言ってしまえば、キャバクラのおネエちゃんにさんざんお金をつぎこんだ挙げ句、「どうして、営業時間外につき合ってくれないんや!」と怒るようなもの。

客とおネエちゃんは無論仲間でもなければ、合コン友だちでも何でもない。同席しながら、お金と時間、労働を交換している一個人同士にすぎないのだ。

究極的には、会社と従業員はお互いに「取引先」くらいのスタンスで考えればいいのではないか。

これは、完全に「ギブアンドテイク」のドライな関係になれという意味ではない。どんな会社も皆、「取引先」とは仲よくしたいと思っているし、自分たちだけでなくお互いに儲かってハッピーになればいいと考えている。ただし、そのための条件や主張が異なるので、それをすり合わせるための交渉やミーティングを重ねるのだ。

無論、休みの日までつき合いを求めるなど、「取引先」のプライベートに踏み込めば、当然、その関係はおかしくなる。いわゆる公私混同というヤツだ。他方、ひとつの取引先に対して、「何があっても、ここことは一生関係を保ち続ける」ということもないだろう。

取引の条件は、あくまで「お互いがハッピー」になること。互いに納得できるメリットがあれば関係は続くだろうが、そうでなくなれば「しかたないよね。いままでありがとう。お互い、これからは別々の道でがんばろうね」で終わりだ。

日本では会社と従業員の関係が、ただの契約関係を超えて「仲間」や「家族」に近い関係になってしまっているケースが多い。

だが、家族や仲間と考えてしまうから、突然部下に「辞めますわ」と言われると「理不尽や！」と上司は腹が立つし、逆に部下のほうも「仲間同士、波風立てないようにしないと……」と信じ込んでいるから、「オレはこの仕事をやりたいんや！」と自己主張ができなくなってしまう……。

繰り返しになるが、会社と従業員は契約関係であり、会社にとって従業員は「取引先」、従業員にとっても会社は「取引先」なのだ。

条件を提示し合い、そこにギャップがあれば協議してすり合わせればいいし、それでも差が埋まらなければ別れればいい。何もお互い変に気を使う必要など、どこにもないのではないだろうか。

インド人が不思議に思う日本流退職とリストラの〝円満さ〟

よく仕事で会うインド人経営者と話をしていた際、ここまでの説明を象徴するようなエピソードで盛り上がった。

私が彼に話したのは2点。ひとつは、退職の意思を表明したときに日本でよく見られる〝儀式〟。そしてもう1点は、日本でよく見るリストラの光景についてだ。

退職時の儀式から説明しよう。

たとえば、ある会社員が「半年後に退職したい」という意思を会社側に伝える。もちろん、引き継ぎもきちんと行うきわめて円満な退社なのだが、こういった場合、上司は、「君のことは必要だと思っていたのに、非常に残念だ。不満があれば言ってくれたらよかったのに……」

といったことを言うだろう。これに応じて従業員も、

「この会社には100%満足していました。ただ、新たなチャレンジのために次のステージに移りたかったんです」

と、もっともらしく答える。

こうした場合、たいていどちらか、あるいは両方がウソをついているに違いない。上司が本当に彼を必要に思い、部下も心からその会社で働き続けたいと思っていたら、そもそも退社などしないはずだからだ。

これにそっくりなのが、芸能人の「円満離婚」。彼ら彼女らは、「何の問題もないけど離婚します」と口をそろえて言う。ただ実際、世の中で完全に円満な離婚などあろうはずがない。お互いに不満があったからこそ、離婚という面倒な手続きを踏むのだ。

こういった話をしたところ、そのインド人経営者は、

「まぁ、ことさらもめる必要はないけど、何か茶番だよね」

と、「理解できないわけではないけど」と言う感じで軽く笑っていた。

ただ、2点目の日本のリストラに関しては、ほとんど理解できなかったようだ。

ちょうど、インド人経営者と会う直前に、日本の大手家電メーカーで45歳以上が大量にリストラされるというニュースがあった。そこで、彼と食事をしながらそのことについて、軽く話したのだ。すると、彼はこんな疑問を呈してくる。

「どうして不要になるような人を、45歳まで雇っていたのか？」

彼いわく、45歳まで20年以上も勤務した人を、いきなり外に放り出すのはヒドイ話だし、そもそもそんな追い出したくなるような人を45歳まで雇い続けること自体、経営陣にまったく見る目がなかった証しだろうという。

もちろん日本には解雇規制があるため、安易にクビを切れないという事情がある点を彼にも説明したのが、それにしても納得するには至らなかった。

ただ、彼との話で私も別の視点が開けた。この**遅すぎるリストラの一因は、やはり従業員を「仲間」だと見なしてしまったがゆえ**ではなかろうかと。

本当は、もっと前の段階で組織にとってリストラ要員は不要だとわかっていたのだが、

「仲間」である以上、かわいそうなので安易に放り出すわけにはいかない。そもそも、そんなことを通告して悪者になりたくもない。そうこうダラダラしているうちにタイムリミットが来てしまい、45歳を超えていきなりのリストラ通知という、結果としてさらに残酷な仕打ちをせざるをえなくなってしまったのだ。

「不要」になった人に、ある程度のタイミングできちんとその旨を伝えれば、まだ転職や新しいスキルを身につけることも可能だっただろう。ある会社では不要でも、別の会社でその能力が高く評価されるということも多々ある。

これも結局、会社と従業員が取引先のような関係であったら、防げた問題なのではなかっただろうか。

そのインド人経営者は最後にこう言った。

「**不要になった人に『あなたはいりません』と若いうちに伝えることこそ、実はやさしさ**だよ。『必要です』と言い続けながら、ある日突然『不要です』と言うほうが、よっぽど残酷だし無責任ではないだろうか。これはマネジメントの怠慢だね」

PART 2のまとめ

- 日本は30年給料据え置きなのに対し、インドは毎年10%アップ
- インドだけでなく、世界各国で給与や家賃は年々上がっている
- 会社員こそ、インド人のように自己主張するのが大事
- 究極のムダな忖度「ランチのジレンマ」に陥るな！
- 自分の市場価値について常に気を配る
- 「次の場所」を常に確保し続けると、会社との交渉を有利に導ける
- 「本当に自分がやりたい仕事」を面談、飲み会などあらゆる場で強く主張し続ける
- 従業員の希望がわかると、仕事の最適化が進むので、実は会社も従業員もハッピー
- やりたいことを伝えたくらいで失うものなど何もない
- 会社と従業員の関係は、仲間や友だちではなく取引先同士と考える

インド流超激辛コラム2

5年で給料が5倍になったインド人従業員の〝神〟交渉術

私がインドでビジネスをやっていてツラいこと。それは世界最悪のPM2・5ではなく、すぐにお腹を壊す水問題でもなく、売上が伸びない点でもなく、社内の人間関係である。

夕方、私の部屋を「コンコン」とノックされるとため息が出る……という話は、このパートの冒頭でもしたが、とにかく彼らはタフネゴシエーターだ。ありとあらゆる事実、うわさ、主観、ウソを交えて、自分の給料を劇的に上げろと主張してくる。

実際にこんなことがあった。

大きなプロジェクトが翌月1日からスタート、担当するインド人のチームも決まった。するとスタート直前の月末25日くらいになって、そのチームのリーダーが私の部屋をノックする。そして彼は、

「給料を来月から50％増やしてください。かなわないなら今月末で辞めます」

と、サラッと言ってくるのだ。

もちろん、退職するには通知期間があるのでルール違反なのだが、彼らは「そんなものは関係ない」と言い出す。とにかく「オレの希望が通らなければ、すぐにでも辞めてやる！」ということ。

彼らは、自分がいなくなると最も困る体制、タイミングをしっかりつくり上げてから、その〝困る度数〟が最高点に達したタイミングで、交渉を持ちかけてくるのだ。

もちろんこんな主張はとうてい飲めないので、私は内心泣きそうになりながらも、

「了解！　じゃあパソコンとか備品は全部返してね！　お疲れ！」

と返す。

そうなると、向こうも本当の狙いは昇給なので、

「イヤイヤイヤイヤ。ボクはこの会社が大好きなんですよ。本当は辞めたくないんです。その代わり、給料を50％上げてください」

と言い出す。

あとは「じゃあ辞めろ！」→「そうじゃない。給料上げろ！」の無限ループ。

結局、その後も彼は1年在職した。それから、彼は1年ごとに日系企業を渡り歩いて5年たったいま、私の会社にいたころに比べ5倍の給料をもらっているらしい。恐るべき交渉力である。


彼らは、「社内での自分の価値を高める」ことにも余念がない。私が新しいスタッフを採用しようと面接していると、その様子を見たほかのスタッフが、

「新しい人を雇うんですか？」

「ボクらだけで十分仕事は回ります。そんなコストはムダです」

と言い出す。私が、

「オマエら、いつ辞めるかわからんやん。保険だよ、これは」

と言っても、

「ボクはこの会社が大好きなので絶対に辞めません。信じてください」

と力説してくるわけだ。こういうやり取りを経たところで、そう言った本人が半年後にはもう退職していたりする。

もちろんウソは反則だが、とにかく彼らは「自分がいないと会社が回らない状況」をつくり上げることに余念がない。実にタフネゴシエーターなのだ。

このタフネゴシエーターぶりを、私たち日本人も10分の1くらい見習うだけで給料ももう少し伸びるのではないか。100%見習うのはやめてほしいけど（笑）。

PART 3

世界的企業のトップに立つインド人 リーダーシップが根づかない日本人

「インドの町はゴミだらけ」に潜む この国の根深い問題

何となく想像できる方も多いと思うがインドの都市、特に私の会社がある首都のデリーは町中ゴミだらけだ。道路わきは空き缶から包装から、さまざまなゴミであふれている。皆、コーラを飲み終わったら、空き缶を道の脇にポイッ！

インドに来たばかりのころは、非常にカルチャーショックを受けた。

しかも、**汚いのは道路だけではない。ホテルの部屋でも、オフィスにおいても、彼らは日本人の私から見るとビックリするくらい机や床を汚す**のだ。

どうして、こんなことになってしまうのか。「モラルが低い」のひと言で終わらせるのはカンタンだが、結論から言うとこの問題の根はもっと深い。その**根本原因は、インドにおける仕事の「横割り」だ。**

インドをゴミだらけにする「横割り制」

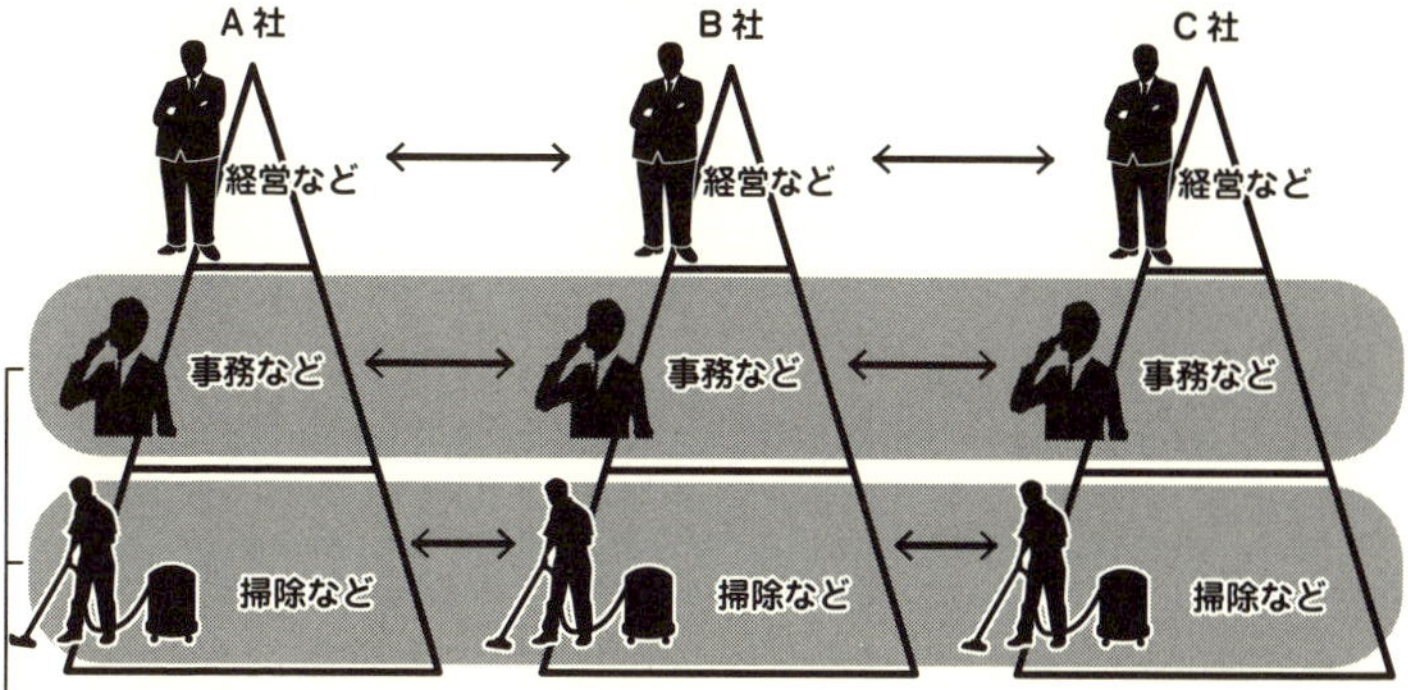

転職は同じ階層でしか行われないので、ホワイトカラーがブルーカラーになることも、あるいはその逆もありえない！

日本では仕事の「縦割り」がよく問題とされるが、インドの場合は仕事の強烈な「横割り」が社会問題にまでなっているのである。

ＰＡＲＴ１でも触れたように、インドには現在でも独特な身分制度「カースト」が存在する。そもそもカーストとはヒンドゥー教由来の身分制度で、その社会階層や仕事が明確に区分されていて、カーストをまたいだ転職は基本的にありえない。

カースト制自体は、１９５０年にインドの憲法で明確に否定されたが、数千年続いてい るだけあり、高度経済成長を続ける現代インドにおいても、実社会では明確にカーストが生き続けているのだ。

このカーストのせいで、どんな現象が起きるか。**社会において「ゴミを捨てる人」と「ゴミを片づける人」が明確に分かれてしまう**のである。そうなるとどうか。日常生活でも、「ゴミを捨てる人」は「どうせオレが片づけるんやないからええわ」と考えて、どこにでもゴミを捨ててしまうのだ。

もちろん日本では、そんな人はまずいないだろう。小学生のころからの自分でゴミを出せば、それを片づけるのも自分だということをたたきこまれる。そうなると「あとでゴミを片づけるのは面倒だな」と思い、常日ごろからなるべくゴミを出さない、あるいは片づけやすいようにゴミ箱にまとめておくなど、それ相応の努力をするはずだ。

こうした日本とは真逆の**カースト制による強烈な「仕事の横割り」が、インドの町をゴミだらけにしてしまう原因**なのである。

しかも、これは何もゴミの話に限らない。ビジネスの現場にも大きく影響している。

たとえば日本の場合、その是非はさておき特に規模の小さな会社では、従業員が年末の大掃除をしたり、あるいはお客が来たらお茶を出したりといったような、仕事の〝兼任〟をすることが多い。

ところが、インドならそれぞれの仕事のカーストが違うので、その仕事の数だけ従業員を雇わなければならないのだ。

その結果、**インドの仕事は階層ごとに明確に分かれてしまい、違う階層同士が交わることもないので、誰も「次の仕事」「次の仕事をやる人の苦労」を考えることがない。皆、「自分の持ち場」にしか興味がない**のだ。

前に説明したように、日本は「100点主義」ゆえに製造業が発展した。一方、インドになかなか世界的に強い製造業が生まれない原因が、「60点主義」とこの「横割り制」だ。

製造業は〝究極の効率化〟の世界だ。日本の工場では1円、場合によっては0・1円単位でコストを削減するために、血のにじむような努力をしている。そのためには、自分の作業が終わったあとの次工程の人が、どうやって気持ちよく効率的に仕事ができるかも意識して仕事する必要がある。

ところが「横割り社会」のインド人には、このマインドが育たない。**「オレの仕事はオレの工程まで。あとは知らんわ」というのが、インド人の仕事マインド**なのだ。

これでは工場全体の作業はなかなか効率化しない。インドにおいて、極限までの効率化が要求される製造業が発展しないのも当然のことなのである。

実は日本企業の「ローテーション人事」は世界的にも珍しい優れた制度

逆に日本は、いわゆる「ローテーション人事」で知られる。

新入社員の大多数は、たとえ社長の息子であろうと、形式上は一番下の平社員からスタートし、さまざまな仕事を経験させられる。これは「将来、経営者になる可能性がある人間は、会社のことをすべて知っておくべきだ」という考えから行われている人事制度だ。社員はさまざまな部署や役職を経験することで、自分の会社や部署がどう機能しているのかを把握することができる。
結果として日本では何の仕事をするときも、「あ、この仕事はこうしておけば、次にやる人はラクだな」と考え、会社全体が効率的に運営されるのだ。

こうしたローテーション人事は、プロフェッショナルの育成に重点を置き、人材の流動性が高い欧米と比べ、世界的に少数派ともいえる珍しい人事制度だ。だが、**バブル崩壊とともに、この人事制度が日本企業のダメな要因として袋だたきの目にあってしまう。**
私も、かつてはそう考えていた。だが、次工程を考えないインドの非効率な製造業の現場を見たことによって、この日本のローテーション人事制度が実は非常に優れた制度であったのではと、とらえ直すようになったのだ。

インドでは、たとえ次工程が「待ち」の状態になっていたとしても、自分の工程の作業を急ぐことはしない。最初から自分の工程以外に興味もないし、そもそも経験したことがないから「知らない」のだ。

一方、日本人は工程全体を知っているから、全体が効率化するように、自分たちの仕事の進め方を合わせるようにする。

さらに、**ローテーション人事によって定期的に従業員を異動させるので、癒着や業務のブラックボックス化が起こりづらく、結果として不正の防止にも役立つ。**日本企業に不正が少ないといわれる一因が、このローテーション人事にあるのだ。

反対に、インドは従業員の不正が非常に多いので有名だ。これは、いったんある業務の担当となったら、転職するまでそのポジションに居座り続けることも、原因のひとつだと考えられている。

日本経済がこの30年元気がないという理由で、日本企業独自のシステムすべてが悪いといわれることも多い。実際、私が会計士を目指して勉強していた20年ほど前の経営学の教科書には、日本的システム批判があふれていたし、そのなかで勉強した私は、前述のとおり事実それが正しいと思っていた。

しかし、海外で仕事をすることによって、日本企業の文化やシステムのなかには、まだまだ優れたところもたくさんあるし、それぞれに合理的な理由があることに気づかされた。

本書で何度も登場する「100点主義」もそうだ。「100点主義」それ自体が悪いのではない。**メリット、デメリットを考えず、どんな場面でも「100点主義」を用いるのが問題**なのだ。

なぜ、インドのオフィスのコンセントは床ギリギリにあるのか？

インドで仕事をしていくなかで気づかされた、「日本ではありえない非効率」、逆から見ると「日本社会の強み」の例をもうひとつ挙げてみよう。

インドではオフィスを借りる際、基本的にボロボロのスケルトン状態で借りて、契約が決まってから内装工事を始めるケースが多い。あるとき、お客さんの新しいオフィスの内装工事を見学に行ったところ、そのときビックリさせられたのが、電気コンセントの位置だった。

普通、仕事机用のコンセントを壁につけるのであれば、机と同じ高さの位置につけるだろう。そうすれば、仕事でパソコンを使うときに一番都合がいいからだ。

しかし、私がインドで見たその内装工事の現場では、コンセントが床ギリギリの位置にあったり、そうかと思えば、私の身長くらいの高さの位置にあったりとメチャクチャだったのだ。

なぜか。これもやはり、インドの「横割り」が原因だ。

前述のとおり、インドは強烈な格差社会なので、**内装工事をする人＝低カーストの人が、日常生活でパソコンという高価なものに触れることはまずない。**せいぜい携帯電話、それも「ガラケー」くらいだ。

そのため、**内装工事をする人は「コンセントをどこにつければ一番便利か」が、まったくわからないし想像もつかない。**だからコンセントの位置ひとつとってみても、実際に使う人がいちいち細かい指示を出さないと、前述のような使い勝手が明らかに悪い場所に設置されてしまうのだ。

無論、日本だとそういうことはまず起きない。

工事をする人もパソコンを使うし、スマホも使う。そうなると細かなところで「こうしたほうが便利やろ」という想像がつくので、よりクオリティの高いアウトプットが誕生するのだ。これも平等社会である日本の強みだといえる。

日本は、このように「ほぼ全員が仕事全体を薄く理解している人」で構成されている〝特殊な社会〟である。この「ほぼ全員」というのがポイント。これを「人材の均質性」と言い換えることもできるだろう。

私は日本とインドだけでなく、シンガポール、香港、タイなどでさまざまな人と仕事をしてきたが、この**人材の「均質性」「ハズレ確率の低さ」は、世界でも稀な日本の誇るべき強み**だと思う。

もちろん仕事の内容によっては、同じ部署で同じ仕事をやり続けたプロフェッショナルが必要な場合もあるだろう。そういう部分には、外部の優秀な人材を招き入れることで補完すればよいのだ。

１００点主義がマッチするところには１００点主義を。

70点主義がマッチするところには70点主義を。

ローテーション人事がマッチする分野にはローテーション人事を。

プロフェッショナルが必要な分野にはプロフェッショナル人材を。

このように、ビジネスにおいては何ごとも「ＴＰＯ」、つまり時代と場所、土地柄、そしてタイミングが大切なのだ。

グーグルやマイクロソフトなど世界的企業のトップにインド人が多いワケ

ただし、このローテーション人事にも問題点はある。

いろいろな仕事を経験させられてしまうので、社内各所との〝関係〟が生まれてしまう。

すると、いざ経営陣までのぼり詰めたとしても、以前所属していた部署などへの配慮が必要になってしまい、大ナタを振るうような内容の意思決定ができなくなってしまう可能性が高まる。

つまり、**ときに「知りすぎてしまった」ことが大きな足かせとなり、「リーダーシップ」を発揮できなくなってしまう**のだ。

この点に関していえば、今度は逆に世界的に見てもインド人が圧倒的に優位になる。

皆さんもご存じのとおり、ここ10年ほどでグーグルやマイクロソフト、ペプシコなど、世界的大企業のＣＥＯにインド人が立て続けに就任している。しかも、この傾向はまだまだ続くと予想されている。

実際、彼らほどの大物ではないが、**仕事で会うインド人の経営者・富裕層は、日本人の私から見ると、ビックリするような「全能感」「自己肯定感」を持っている。**そして、その全能感・自己肯定感こそが、彼らの強力なリーダーシップの源となっているのだ。

彼らは、自分の決断に圧倒的自信を持っている。そしてその意思決定をマネージャー層に伝えるときも、強く、厳しく、そしていい意味で「偉そう」に指示するのだ。あの威圧感というかカリスマ性というのは、ローテーション人事や組織の「調整」のなかで育った日本人には、なかなか出せるものではない。

私は、この「カリスマ性」というか「雰囲気」の違いに非常に興味があったので、インド人の経営者や友だちにいろいろと聞いてみた。「どうして彼らには、あんなに威厳があるのか」と。

すると返ってきた答えはこうだ。

インドではエリート層の人間は、最初から入る学校が違う。お金持ちの子どもたちは有名私立小学校に入る。ここまでなら日本と同じなのだが、インドの場合は、さらにその学校の教育内容も違うのだ。先生は繰り返し言う。

「あなたたちは将来人を導く人間になるのだ」
「あなたたちは人の上に立つリーダーなのだ」
「そのために必要な能力を身につけるのだ」

日本でも、一部のエリート校ではこうした教育が行われているが、インドの場合、全国津々浦々にある富裕層の子女が通う学校で、小さいころからこのような教育が徹底されているのだ。

また、私はよくインド人富豪の友だちに誘われて、その子どもの誕生パーティーに参加することがある。そして、参加するたびにビックリさせられるのが、その会場の豪華さ。1000人は収容できそうな会場を1日借り切り、子どもの写真をこれでもかと飾りたてる。会場の片隅には、大人の来客が持参した子どもへのプレゼントが文字どおり山のように積まれており、そうした大人たちが子どもにお祝いの言葉をかける。

そんな**イベントづくしのなかで育った子どもが、大人になったときに内に蓄えている自己肯定感の総量は想像を絶する**ものとなるのもよくわかる。

しかも、小さなころから「あなたは親のあとを継いで経営者になるのだ」「人を使うリーダーになるのだ」と言われ続けて育つ……。

インド人経営者が一様にそなえるあのみなぎる自信は、そういった環境で徐々に増幅されていったものなのだ。

こんな環境に、小さいうちから大学までずっと置かれ続けているのだから、その人口の多さと相まって、圧倒的な数の「カリスマ」「威厳を持ったリーダー」が生まれてくるのも、当然のことだろう。まるで中世の王様だ。あるいは、仕事の「横割り」の点では批判されるカースト制度が生んだ「成果」と言うべきか。

ことリーダー教育という点に関していえば、平等に重きを置いたり、ローテーション人事的な要素がそこかしこにある日本よりも、インド式のやり方のほうが、結果を出せるのは間違いない。

そして彼らは**今日もその圧倒的なカリスマ性と自信で、平等意識がしみついてしまっている私たち日本人なら決してできないドラスティックな決断や判断を、どんどんこなしていく。**インド人が世界的企業の経営陣に次々とヘッドハンティングされ続けるのには、こうした背景があるのだ。

PART 3のまとめ

- インドの町がゴミだらけなのは、仕事の「横割り」が原因
- インド人は次に仕事をする人の「苦労」を考えない
- 日本企業独自のシステム、制度たたきは考え直すべき
- ローテーション人事は世界に類のない優れた人事制度
- さまざまな仕事を覚えることにより、会社経営が効率化できる
- 部署を次々異動するので、癒着、不正が起こりにくい
- 人材の「均質性」「ハズレ確率の低さ」が日本の誇るべき強み
- さまざまな人のしがらみが、改革の足かせになるのが日本の人事制度のマイナス
- インドの富裕層は全能感・自己肯定感にみなぎっている！
- インドでは子どものころから富裕層へのエリート教育がハンパない！

インド流超激辛コラム3

「もはやヒンディー語は必要ない」というインド人エリート層のいま

小さいころから、リーダーシップが体にしみついているインド人エリート。彼らはその全能感と自信で、日本人なら躊躇してしまうような決断をポンポンしていく。PART1で書いたように、そんなインド人から「日本人って、決断がメッチャ遅いやん」と言われたら、「おっしゃるとおり」と肯定せざるをえない。

彼らの決断のドラスティックさの表れを感じたのが、「言語」に対する考え方を知ったときだ。

以前、私は知人のインド人富裕層に自宅に招かれて食事をともにした。いろいろなテーマについて話し合うなかで、話題はその知人の小さな娘さんに対する教育の話になった。

すると彼は、

「もう娘にヒンディー語を教えるつもりはない」

と言い出したのだ。

確かに彼は、イギリスやドバイとインドを行ったり来たりする国際的なビジネスマン。だからだろうが、そんな彼の意見によると「商売するには英語で十分だ」とのこと。

「でもあなたは北インド出身だし、ヒンディー語には自分のアイデンティティを感じているのでは？」

と聞いてみたところ、彼は即座に

「この国では、必要な情報は英語で手に入る。ビジネスも英語ですべて完結するし。ヒンディー語が必要なのは、メイドやドライバーに指示を出すときくらいだよ。でも、それすらもいくつかの単語がわかっていれば十分。ヒンディー語をしっかり覚えるくらいだったら、中国語かフランス語でも学んだほうが、よっぽどましだよ」

と答えたのである。

日本なら「日本人としてのアイデンティティはどうなるんだ?」というように、〝ナショナリズム〟がまず顔を出して、「やっぱり日本語ができないと」となるだろう。また、こうした「言語の断絶」は「文化の断絶」も生んでしまうのではと、日本人の私なんかはちょっと心配してしまう。

だが、彼ら国際的なインド人エリートは、そんなセンチメンタルなことなどつゆほども口にしない。こうした日常の何気ない雑談のなかですら、彼らのドライさというか徹底した合理主義を垣間見ることができるのである。

PART 4

ミスをしたら
自分の責任と感じる日本人
ミスをしても
自分のせいだと思わないインド人

デリー行き便に乗るたびに、なぜか私の席にインド人が座っている理由

私は仕事の関係で、インドと日本を頻繁に行き来するが、東京・デリー間の飛行機に乗ると、定期的にあうトラブルがある。それは、**自分が予約した席に、なぜかインド人が座っている**というもの。空港でチェックインし機内の座席に行くと、もうそこにはインド人がドカッと鎮座している。

そのとき私は「ああ、また始まったか……」と思うのだ。

私は自分のチケットを見せて

「ここは私の席です」

と伝える。10年前の私だったら「もうこれで解決」と思っただろうが、いまではそんなカンタンにいかないことなど折り込み済みだ。そう、彼らは、かたくなにどかない。そし

て、こう言う。

「私はここに座りたい。あの辺りに私の席があるから、そこに座ったらいいよ」

言われた方向をよく見ると、通路側でも窓側でもない「真ん中席」がポツンと空いている。このあとは「どけ」「イヤだ」の応酬。そして、最後はキャビンアテンダントを呼んでインド人客と話し合ってもらい、ようやく私は予約した席に座ることになる。インド便では、自分が予約した席を座るのだけでも、一筋縄ではいかないのだ。

彼らが、他人の席に座るのはなぜか。

たとえば、格安のチケットを取ると家族であっても席がバラバラであったり、空港に来るのが遅かったりすると、どうしても希望の席が空いていないことが多い。それでも彼らは、まったくへこたれないのだ。

「私たちは家族だから一緒に座るべきだ」

「私は景色を見たいから窓側がいい」

と、他人にとっては「どうでもええわ」という個人的な事情を並べて、何とか自分の希望を満たそうとする。結果、なかには押しが弱く折れてしまい、真ん中の席で我慢する日本人も出てくるのだ。

ただし、彼らはどこまでも意固地、というわけではない。キャビンアテンダントから説得されると、渋々ながら撤退していく。

要は、彼らは**「言うだけならタダだし、それで譲ってもらったらラッキーだから、とりあえず言ってみっか」**ぐらいの気持ちなのだ。

「家族の隣に座りたいけど、こんなワガママ通じないよね……」

「外を見たいから窓側の席譲ってなんて言ったら、きっと怒られるやろ……」

彼らは決してこんなふうに考えない。

何が減るでもなし、失うでもなしなのだから、ダメ元で言ってみる。トラブル慣れしていない日本人が折れてくれたら儲けもの。それくらいの軽い感覚なのだ。

PART2で紹介した「給与交渉」を思い出してほしい。彼らは、「来月から給料を倍にしろ」というように、いきなり法外な昇給を要求してくる。当然そんな主張はキッパリ拒否するのだが、彼らは**「自分の希望を伝える」という点にのみフォーカスしており、「そうすることによって相手はどう思うか」という点については、まず考えない。**なぜなら、それは「給料のアップ」という〝自分ごとの問題〟以外の何ものでもないからだ。

これは、ビジネスの交渉でも同じである。

インドのある企業を買収するとしよう。すると、最初の値段交渉で、彼らはまず目の玉が飛び出るような金額を提示してくる。日本側が「100で買いたい」と打診すると、インド側は「1000でしか売らない」というような感じだ。

日本人同士の交渉なら、そこから双方が落としどころを探るが、インドではそうはならない。せいぜい値引きして950程度だ。日本側がいくら100で買収を提案した根拠を説明しても、意にも介さない。「オレが売りたいのは、この値段だ」の一点張りなのだ。

一度、インド人に「そんなムチャな値段を主張したら、日本側の心証を害するよ」とアドバイスしたことがある。すると、彼らはこう返してきた。

「これは交渉だ。私は自分の言いたいことを言う。相手が受け入れられるなら合意。イヤなら決裂。非常にシンプルじゃないか。どうして交渉において、相手のことを思いやる必要なんてあるんだ？」

おわかりのとおり、彼らの辞書には日本で流行りの「忖度」という文字はない。事実、私も**日本の「忖度」についてインド人のスタッフに説明したところ、彼らはこの日本の〝美しき慣習〟について、「意味がわからない」と言っていた。**

自分のビジネス、自分のプライベート、ひいては自分の人生で、どうして自分の主張より他人の主張を優先させるのだ、ということなのだ。

「オレのせいじゃない！」を常に貫く
ポジティブなマインドリセット術

インドでビジネスを始めた当初は、こういったインド人の考え方は「ワガママ」としか思えなかった。だが、何年も彼らと一緒に仕事をしていると、例によって「日本とインドの間くらいが、ちょうどいいのではないか」と思うようになったのだ。

日本の年間の自殺件数は、毎年約３万件といわれて久しい。ここ数年は安定的に３万件を切るようになり改善傾向にあるが、その理由は、そもそも人口が減っているからだという見方もある。

自殺の原因の第１位は「健康」だが、その次に大きなウェイトを占めるのは「経済・生活」だ。全体の人口に占める自殺率は０・０１７％。ご存じのように、先進国のなかでもトップクラスの高さだ。

一方のインドの年間自殺件数は13万件程度。かなり多いように感じるが、13億以上の人口を抱えているので、自殺率は０・０１０％と日本より低い。

また、その内容も日本とはだいぶ異なる。インドで多いのはまず女性の自殺。「男尊女卑」が日本よりはるかに色濃く残るインドでは、結婚前後に家庭内でのトラブルで追い詰められ自ら命を絶つ女性も多い。

さらに、もうひとつ特徴的なのが若年層の自殺だ。意外に思うかもしれないが、**インドは世界的にもかなり受験熱が高い国**。アメリカのように10代のときに全国統一テストがあり、このスコアが就職や転職の際に一生ついて回る。運悪く悪い点数を取ってしまった若者が、将来に絶望して自ら命を絶つというケースも少なくない。このあたりは、日本でもヒットしたインド映画「きっと、うまくいく」でも描かれていたので、知っている方もいることだろう。

ところが、逆に日本のように**「経済・生活」を苦にしているケースは、意外なほど少ないのだ。**

私は最初にこの統計を見た瞬間、飛行機での席取り合戦を思い出した。

「そりゃあ、常日ごろからあれだけ好き勝手にやってりゃ、ストレスなんてたまるわけないやろ」

そう。本書でも説明してきたように、彼らは社内外問わずとにかく自分の主張を貫く。**仕事で顧客から高い要求をされても、すぐにこう言い返す。**

「そんなのムリです」

ときには目の前の仕事が欲しいので、とりあえず「必ずできます！」と言うこともあるが、その後できないことが判明したとしても、彼らは決して謝らない。**「もともとの要求水準が高すぎるんだから、しゃーないやん。オレはがんばった。決してオレのせいやない！」**

というのが彼らの主張なのだ。日本人のように、たとえ理不尽な要求をされたとしても、できない自分が悪いから謝るというようなことなど、まずない。

このあたり、インドにおいて仕事やお金を苦にした自殺が少ない原因なのではないだろうか。彼らは常日ごろから自分の主張をオープンにするし、イヤなことがあったらハッキリ「イヤだ」と言う。そのうえ、何らかのトラブルが生じたとしても、「それはオレのせいじゃない」と開き直る。明らかに自分のせいではないのに、仕事の納期を守れなかったら、とにかく責任を感じ謝ってしまう日本人とは真逆の性格だ。

はなから「オレのせいじゃない！」と主張する「他責性」のインドもどうかと思うが、**どんなことでも自分に責任があると感じ、（場合によっては自分には責任がないとわかっていても）とりあえず謝ってしまう「自責性」**の日本も正直不健全だと思う。そういった日本人の性格が、世界的に高い日本の自殺率に反映されているのではないか。

仕事で大きなミスをした↓オレのせいだ……

家族がいるのに失業した↓オレがいけないんだ……

独立したものの全然売上がない↓オレに力がないんだ……

こういった思考回路で、精神的に追い込まれる人も多いだろう。しかし一方で、同じようなことがインドで起きた場合、彼らは皆こう考えるのだ。

仕事で大きなミスをした↓この程度は「ミス」と言わない、謝る必要などない！

家族がいるのに失業した↓オレは悪くない、オレのよさを理解できない会社が悪い！

独立したものの全然売上がない↓オレのせいじゃない、景気が悪いせいだ！

日本人にすればかなり無責任だが、逆に考えると、**「常に非常にポジティブにマインド**

をリセットする生き方」ともいえる。

どうも、日本人は他人の顔色をうかがいすぎているのではないか。江戸時代のように、一生自分の村から出ないような生活を送っていたのであれば、他人のことを気にするのも、ある意味しかたがないことかもしれない。

だが、日本国内どころか海外でも自由に移動できるいまの世の中において、この「自分の意向よりも他人の意向を気にする」感覚は、インド人のごとくもはや不要とまでは言わないまでも、ある程度弱めてもいいのではないだろうか。

私たちが出会う9割の人は、私たちに関心がなく今後二度と会わない

よく巷でいわれる「6：2：2の法則」がある。

「世の中の2割の人は何をしてもあなたのことを嫌う人、2割の人は何をしてもあなたを応援してくれる人、そして残りの6割の人は、そもそもあなたに関心がない」

という法則だ。

私も、この法則における「人の種類の分け方」には基本賛成だ。ただし、感覚的に比率が違う。40年以上の人生を振り返ると、実際は「0・5：0・5：9の法則」のほうが正しいのではないか。言い換えるなら、こんな感じになる。

「世の中の5％の人は、何をしてもあなたのことを嫌う人、5％の人は何をしてもあなたを応援してくれる人、そして残りの90％は、そもそもあなたに関心がない人」

こうしたマインドについて、インド人は生まれたときから理解しているように思える。たとえば、ビジネスの基本である営業においてですら、彼らは「相手がどう思う？」をあまり考えない。

毎日、私の携帯電話には20件くらい、知らないインドの会社から営業電話がかかってくる。その内容はホテルのメンバーシップカードから、クレジットカード、レストラン。さらには外車のディーラーや、同業他社（会計事務所）からの営業まで何でもある。

彼らは、どういう手段を使ったのかはわからないが、代表者の携帯電話番号が掲載された緊急連絡用の日本人商工会の名簿を入手。そして、自分のスタッフに毎日毎日営業電話をかけさせているのだ。

以前、実際にそういった無差別ローラー営業電話攻勢をかけている、インド系の会計事務所の代表と話をしたことがある。その際に私は、

「日本人はそういった電話営業を嫌うからやめたほうがいい。悪評も広まるし」

とアドバイスしたが、彼らは特段、反省するそぶりを見せなかった。

彼らに言わせると、

「我々は400社くらいに電話した。実際に5社くらいとアポが取れて実際に会った。そして1社から実際に仕事が取れた。それでいいじゃないか。どんなに嫌われたかは知らないが、残りの395社とは縁がなかったんだし。第一、仕事をくれない残りの395社とは、おそらくこの先も会うことはないでしょ。まぁ、1年もたったら我々から電話があったことすら忘れているよ。それより、仕事をくれた1社に全力でサービスを提供し、残り

の4社には定期的に情報提供するくらいのほうが、ちょうどいいんだよ」

私はこれを聞いて、ちょっとだけ自分の会社の経営方針を反省した。

日本の会計事務所は、基本的にこういった無差別の電話営業をしない。競合先の商圏を侵してはならないという不文律があるからというのもあるが、どうも「お行儀のよい」経営をどこも目指しているというのもある。この場合の「お行儀のよい」とは、過度にレピュテーション（評判）を気にするということだ。

しかし、先ほどのインド人の経営者が言っていた「たくさんの潜在顧客にとりあえずアタックして、うちと縁があったところだけサービスを提供する」という経営方針は、まさに「0・5：0・5：9」の法則を体現したものだと感じたのだ。

事実、私も子どものころから現在に至るまで数限りない人と会ってきたが、継続して交流関係が生じている、連絡先を知っているのはせいぜい5％くらいにすぎない。その理由は簡単で、**出会った人のなかで、お互いが「どうしても仲良くしたい」と思い合える相手**

は、せいぜい5%くらいしかいないからだ。性格、趣味、また住んでいる場所や時間、さらには運、縁などの関係で、実際に仲よくできる人の数には、当然限りがある。**嫌いな5%の人には、もちろん会う理由もないし、残りの関心がない90%の人に対しても、基本的には「ぜひ、また会いたい！」とはならないはずだ。**たとえ偶然、再会したとしても、お互いにまったく関心がないから、名前さえ思い出せないだろう。

そのような状況なのに、自分が「こうやりたい」「ああやりたい」と思う気持ちを押し殺してまで、アカの他人の顔色をうかがうなんて、本当にアホらしくはないだろうか。

私たちは日ごろから、仕事でもプライベートでも、さまざまな意思決定の場面で「こんなことをしたら、○○さんが気を悪くするのではないだろうか」と、相手のことを気にしてしまう。だが結局、そうして気にしているうちの9割以上の人とは、もう二度と会うことはないのである。

仕事や友人関係で、何か思い悩むことがあったら、ふと考えてほしい。

「この人はそもそも私に関心がないし、1年たったら覚えてもいない」

「5年もたてば、この人の記憶から私の存在自体、消えている」

と。

ご存じのように、「一期一会」とは「その貴重な出会いの一つひとつを大切にしなさい」という意味だ。だが、この言葉を先述の営業電話かけまくりのインド人経営者に説明したところ、こう言ってきた。

「二度と会わない人に気を使う必要なんてないやろ？　そんな人に気を使ってないで、自分のやりたいようにやればええやないか。え？　『イチゴイチエ』って、そもそもそういう意味ちゃうの？」

まとめると、次のようになろうか。

一期一会＝「一度きりの出会いを大切に」

イチゴイチエ＝「二度と出会うことがない人に関することで気を病む必要はない。たとえいま、関係がある人であっても、家族でもない限り将来つながりがなくなることがほとんどだ。だから忖度せず、自分の意見や主張はしっかり伝えるべし！」

自分の希望も不満も最初に切り出せ！あとになって言われても知らんがな！

ビジネスの世界では、なおさらそうだ。

先述のとおり、インド人社長が言うところの「イチゴイチエ」であることが多い交渉の場でも、日本人はとにかく「相手の気分を害さないように」「相手に喜んでもらえるように」話をまとめようとする。

仮に自分たちに何らかの譲れない要求水準があったとしても、「あの～、実は……」と申し訳なさそうに最後の最後に切り出す。

一方インド人側は、そんなことなどこれっぽっちも考えない。とにかく自分の通したい主張を、まずハッキリさせる。「オレは、こうしたい。だからこの条件をつけろ。そっちの事情など知らん」という態度だ。

仮にこんなケースを考えてほしい。ある日本企業とインド企業が、価格交渉をしていたとする。日本側が売主、インド側が買主だ。当然日本側は高く売りたいし、インド側は安く買いたいと思っている。

「私たち は１００で売りたい」

「ワシらは１で買いたい」

←

「では間をとって50ということで……」

「いや、ワシらは１で買いたい」

←

「そこをなんとか……。35ではどうですか?」

「いやいや、ワシらは１で買いたい」

←

「これ以上はムリです。20が限界です」

「しょうがないな。それでけっこう。お互いウィンウィンということで」

「……」

このように、間違いなくインド側の圧倒的勝利に終わる。忖度する日本、自分の意見を前面に出すインド……。戦いの結果は始まる前からわかっている。

日本側にとっては不本意すぎる価格なのだが、とにかく相手の気持ちを害してはならないと思う日本側は、それでもニコニコと笑顔で取引を続ける。

するとインド側はこう考えるのだ。

「こんな結果なのに、そんなにうれしそうなら、やっぱり最初の主張どおり、もっと安くしときゃよかったな」

……こうして再交渉が始まる。

「やっぱり価格は10にしよう」

「御社と弊社の関係ですからね。しかたありません。そうしましょう（笑）」

と、この期に及んでもまだ、相手の気分を害さないよう笑顔で譲歩する。すると、インド側は必ずこう主張するだろう。

「価格を1にしたい」

と。ここにきて日本側は突如、キレるのだ。

「ふざけるな！　オレたちがさんざん我慢してるのに、調子に乗りやがって！　もうオマエらとは金輪際取引をしないからな！」

ところが、この展開にインド側は皆キョトンとする。彼らの意見としては

「そんなに不満があるんだったら最初から言えよ。言わないとこっちはわからん！」

となるのだ。

第2次世界大戦で、長く続いた日米交渉の末、日本が真珠湾攻撃をしかけたことを知ったイギリスのチャーチル首相は、日本人の

●笑顔で譲歩→笑顔で譲歩→最後に突然キレる！

という特性について、

「実に理解できない。不満があるなら最初に言うべきだ」

と語ったという。英連邦の一部であったインド人が、この日本独特の「怒りの仕組み」を理解できないのも、当然なのかもしれない。

とはいうものの私自身、会社でよくスタッフから「ボスの沸点がわからない」と言われる。基本的になるべくスタッフを怒らないでニコニコしているのだが、怒りの蓄積がコップからあふれた瞬間に、些細なこと（遅刻やミス）で怒鳴ってしまうのだ。

自分でもこのあたりは反省して、スタッフに対する**不満などがあれば、その都度、怒りが小さいうちに伝えるようにしている。そのほうが思いがしっかりと伝わって、相手も改善するモチベーションが高まるため双方にとってハッピー**なのだ。

「オレが、オレが」の「我流社会」か自分の意見を殺す「高ストレス社会」か

もちろん、「我」を通しまくるインド流にも当然欠点はある。たとえば渋滞。

私の会社があるデリーを筆頭に、インドはとにかく交通渋滞がヒドい。ピークの時間帯だと、通常30分で行ける道が2時間もかかったりもする。もちろん政府も、高速道路、立体交差の建設や車線の拡張など必要な手は打っているのだが、それでも渋滞は収まる気配はない。それはなぜか。

端的に言うと、みんなが「早く移動したい」という自分の主張を最優先し、他人の主張を気にもとめないからだ。**その場の登場人物全員が「多少迷惑をかけても、自分だけが目的地に早く着きたい」と思い運転をする結果、道路の秩序が失われ、結局、誰も目的地にスムーズに着けなくなってしまう……。**

「オレが、オレが」が引き起こす大渋滞！

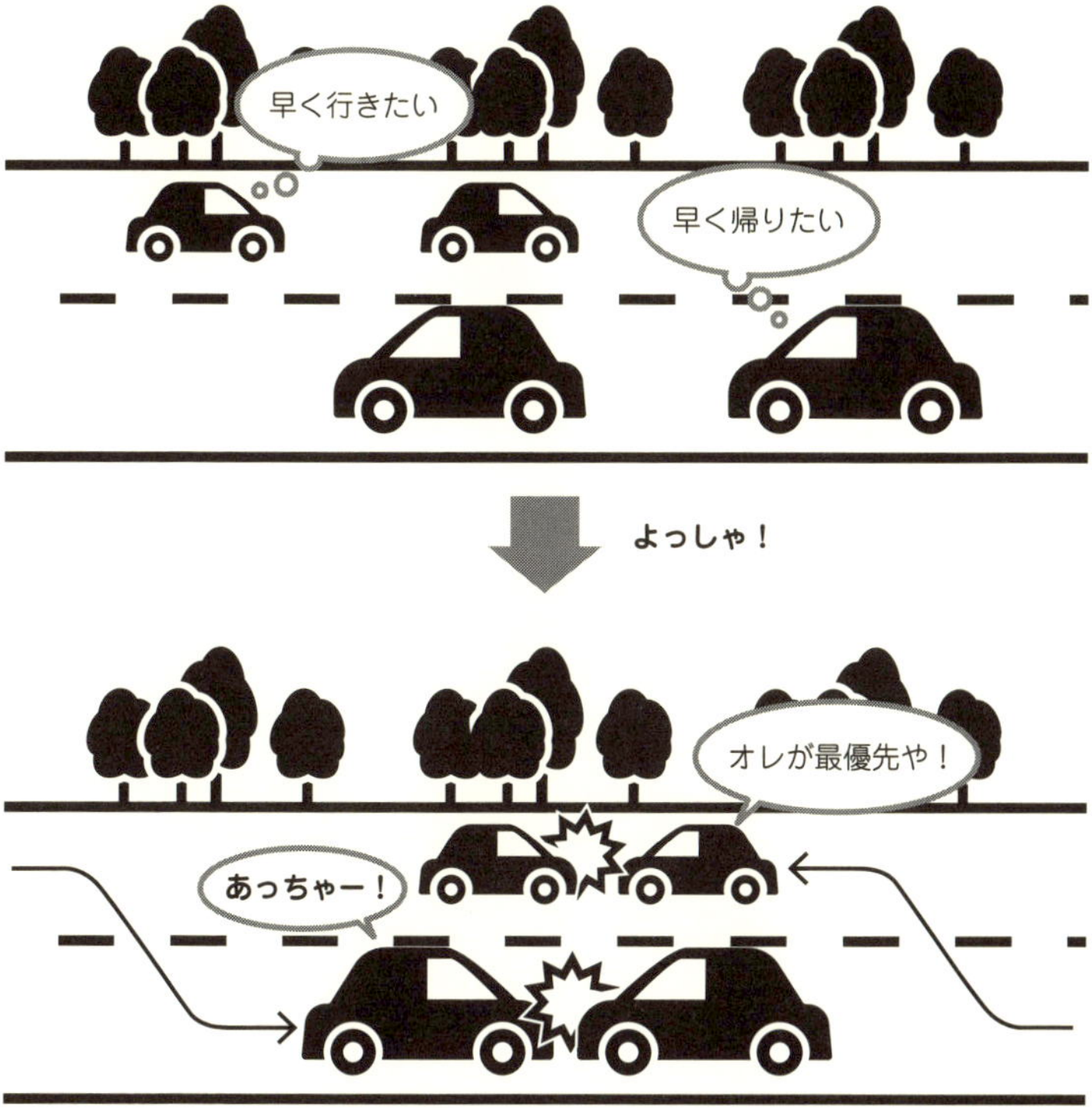
早く行きたい
早く帰りたい
よっしゃ！
オレが最優先や！
あっちゃー！

みんなが自分を最優先した結果、道路は大混乱に陥り、全部の車が動けなくなることに……。社会全体が非効率化しても、インド人は気にしない！

このような、個々人の「我」が集まった結果、社会全体が非効率化するというのは、インドのさまざまな場面でよく見る。

皆が「オレ、あるいはオレの家族が得られる100の利益のためには、他人に200の損を与えてもかまわない」というスタンス。つまり、**個人個人が合理的に利益を求めた結果、全体では思わぬ不利益が生じてしまうという、まるで経済学の概念「合成の誤謬《ごびゅう》」そのもののような社会になっている**のだ。

個人個人のインド人は、強いリーダーシップを持っていたり、能力的に非常に優秀な人が多いといわれる一方で、国家としてのインドが世界の表舞台でイマイチ存在感を発揮できない理由も、そのあたりにあるのではないか。逆に、言われなくても他人に配慮する「忖度」や「空気読め」は日本の悪癖のひとつだが、一方で社会全体を効率化させるという効果があるのも事実だ。

もちろん、先述のようにそのせいで強いストレスにさらされ、結果として日本人の高い自殺率などにつながっている一面もある。**日本社会の高い「秩序」は、海外から称賛されることも多いが、それは毎日の生活で求められる「忖度」や「空気読め」と表裏一体の危**

うさがあるともいえるのだ。

出張でインドの会社のスタッフを日本に連れてくると、皆、日本の道路の「秩序」に感心する。どの車も車線を守り、赤信号になれば、車の行き来がなくてもきちんと止まる。そんな日本の道路状況に感心するのだ。

そんな彼らは、一度日本を見ると「こんな国で働いてみたい」と言う。しかし意地悪な私が、日本の「忖度」や「空気読め」文化から生じる「つき合い残業」や「サービス残業」、自分の意見を殺すことをよしとする〝高ストレス社会〟についてみっちり説明すると、「私にはとてもムリだ」とすぐに意見を変えてしまう。

繰り返しになるが、日本の忖度社会もやりすぎだし、インドの「我」を通す社会も問題がある。つまり、社会のあり方に関しても、ちょうど日本とインドの中間くらいに答えがあるのではないだろうか。

ツラいことに出くわしたら、「5年後の自分」からいまを見直す

先述したように私たちの人生において出会う人のうち9割は、その人生に関係のない人たちだ。そんな90％の人たちのことなど、正直どうでもいい。無論、絶対に私たちのことを嫌ってくる5％の人のことなど、基本的に何も考えなくていいのだ。

とはいうものの、いきなり「相手がどう思うか」気にかけなくなるというのも難しいだろう。友だち関係ならともかく、上司や取引先との関係で急に「自分を押し殺す」のを一切やめるのは現実問題不可能かもしれない。

ここで私がオススメしたいのが「5年ルール」だ。

私は仕事やプライベートでツラいことや我慢できないことがあった場合、いつもこう考えるようにしている。

「5年後のオレは、今日のこのトラブルをどう考えているだろうか？」

実際に考えてみると、たいていのトラブルや苦労はどうでもいいことのように思えてくるのだ。自分の5年前を振り返ってみるといい。当時抱えていた人間関係や仕事のトラブル、「あの人にこう思われたどうしよう」というような悩みが、いまでも続いているということなど、まずないだろう。だから、

「今日のこのトラブルも5年たてば解決しているはずだ」

「今日のこのツラい思いも、5年たてば大したことないと思っているだろう」

「今日上司に怒られたことも、5年たてば相手はそんなことすっかり忘れているだろう」

と自分に言い聞かせるのだ。

そうすると、気持ちもスッとラクになる。

実際に私は日記をかれこれ10年以上毎日つけており、何かトラブルにぶつかると5年前の同じ日の日記を見返すようにしている。そうすると、5年前にもやはり仕事で何かしらのトラブルを抱えているのがわかる。

ところが、その内容はいまから振り返ると、笑ってしまうくらいくだらないこと。それを、当時はトラブルだと思い悩んでいたのだ。このように過去の振り返りをすることによ

り、いま抱えているトラブルもたぶん5年たったらしょーもないことだと笑っているのだろうと、気持ちが落ち着くのだ。

実際、インドでビジネスを始めてからツラいことが多かったため、私はこの5年ルールを編み出した。それにより助かることが多かったので、そのことを仲のよいインド人会計士に話したところ、彼はドッと笑ってこう言ったのだ。

「そんなもん普通1年やろ。5年なんて長すぎや。5年も抱えるような悩みなんてフツーないやろ」

と。

彼は一代で年商5億円の会計事務所を築き上げたやり手の会計士だ。さらに、他の会計事務所を買収してどんどん規模を大きくしている。そんな彼に言わせると、「悩みなんて1年で解消するか忘れるかしないと、ストレスで死んでまうわ」となるのだ。

彼が最初に事務所を構えたビルを見せてもらったことがあるが、正直「こんなところに会計事務所なんて、フツーありえないやろ」と思ってしまうくらいのオンボロビル。当時、彼の顧客はほとんどゼロだったので、そこしか借りることができなかったという。当然、車も買えず毎日スクーターでそのオンボロビルに通っていたのだ。

泣きたくなるような毎日でトラブルだらけだったが、1年を超えてなお抱え続けるような悩みは仕事に関してはなかったし、仮にあったとしても「それはオレのせいじゃない」と考えないようにしているという。

この「オレのせいじゃない」マインドになるのは、なかなか日本人にとって難しい。だからこそオススメなのが、**「未来の自分からいまの自分を見る」ということなのだ。悩みを解決したり、トラブルを回避したりするのに、この思考法は非常に役に立つ**のである。

世の中の5%の人のためだけに生きると、ストレスが大幅に消えてなくなる法則

ともあれ、私たちが人生で注力すべきなのは、「何をしてもあなたを応援してくれる人」

である5％の人を大事にすること。もちろん、理にかなった批判にはきちんと対処し、反省材料にしたほうがいいだろうが、にしても、**残りの「何をしてもあなたのことを嫌う人」＋「あなたに関心がない人」＝95％の人からの悪口、文句、難グセを気に病んだり、ストレスとして抱えたりする必要など、どこにもない**のだ。

世の中で出会う人全員の期待や要望に応えようと無意識に行動していては、とてもじゃないが身も心ももたない。そうではなく、出会った人のうちの5％にだけしっかりと向き合おうと考えれば、一気にそのハードルも下がるだろう。つまり、私たち日本人は越えなくてもいいハードルをも越えようとして、自らを追い込んでいただけなのだ。

実際私も、インドでビジネスを始めたころはストレスのかたまりだった。

クライアントとのトラブルはもとより、ツラかったのは「外野の声」だ。会社の立ち上げ当初、周囲の会う日本人、会う日本人に、

「今度、こういうビジネスを始めたんだ！」

と報告していた。しかし、たいてい返ってきたのは否定的な意見だ。

「そんなもの、うまくいくわけないやろ」
「同じようなことをした人もいたけど、2年で会社たたんで帰ったよ」
「悪いこと言わない。いまからでも遅くないからやめたらどうですか」

てっきり同胞の日本人から応援してもらえるかと思っていたが、逆にネガティブなことばかり言われて正直心が折れそうになった。

ただ、いまになって考えてみると、そういうことを言ってきた人たちとは、まったくその後会っていない。つまり彼らはいずれも、私の人生において何ら関係ない人だったのだ。そして、その何ら関係のない人に言われたことなど、それこそ何ら気にする必要もなかったのである。

逆に当時、同じ話をしてもインド人はみんなものすごく応援してくれたり、ポジティブな声をかけてくれた。

「いいよ、面白そうじゃん!」
「絶対うまくいくよ!」

もちろん一般的にインド人には「日本人≒お金持ち」という思い込みがあるので、新しいビジネスを始めようとしている人がいたら、とりあえず一枚かんでおいて、将来雇ってもらおうとか、儲けさせてもらおうなどという〝下心〟はあったかもしれない。

だが、慣れない外国でビジネス始めたばかりで不安だらけだった私にとって、そのポジティブな言葉がとても頼もしかったし、助けられたのは事実だったのだ。

「アドラー心理学」を学んでもないのに、自然と実践してしまう「インド流生き方」

ベストセラーになった『嫌われる勇気』（ダイヤモンド社）は、著名な心理学者アドラーの教えを解説した書籍だが、それを読んだあと私はこう思った。

「これ、インド人ならみんな自然に実行していることじゃないか」

アドラーは、人間が幸せな一生を送るために必要な条件を次のように解説した。

他人の意見に左右されない。人の顔色を気にしない。

自分の思いを優先させる。自分が何をやりたいのかを意識する。

過去に執着しない。自分を不幸だと思わない。

読めば読むほど「これ、全部私が出会ったインド人のことやん」となったのだ。


インドに10年近くいるとはいえ、日本的感覚がしみついた私の目には、インド人の行動も、発言も、考え方も、どうしても「ワガママ」「空気が読めない」「配慮が足りない」「能天気」と映ってしまう。

しかし視点を変えて見てみると、**インド人はまるでアドラー心理学をしっかりと学び、しかも、実生活に完璧に活かしているか**のように思えるのだ。

彼らは、**まず何より自分の幸せやりたいことを優先**させる。そして、**次に自分の周囲で自分の味方に絶対になってくれる人や家族の幸せ、やりたいことを優先**させる。そのためには人と衝突することもいとわないし、それが原因で嫌われてもちっとも気にしない。

このインド人の「自分のやりたいことをやる」「自分の意見を気にせず言う」を、本気で見習う必要があるのではないだろうか。これらを心がけることで、私たち日本人のストレスは軽減され、人生の後悔はなくなり、ひいては若者の死因第1位となってしまっている自殺の誘発要因も減るはずだからだ。

私たちは日々、周囲に気を使い、人生で何ら関係のない人にすらムダに配慮をし続けた結果、完全に疲弊してしまっている。最悪の場合、その**関係ない90%の人への気使いで、大切な「いつでも応援してくれる5%の人」をないがしろにしている**ケースすらある。

だからこそ、アドラー心理学を学ばずして実践しているインド人のマインドを、日々の生活に取り入れていくべきではないだろうか。強くそう思う。

PART 4のまとめ

- ムリなものは、はなから「ムリだ！」と言う
- とりあえず謝る日本の「自責性」は不健全
- 言いたいことは、最後ではなく最初に切り出す
- 世の中の90％の人はあなたに関心がない
- 5％の人はどうしたってあなたを嫌う
- 気を使うのは残りの5％の人にだけでいい
- 日本人の「さんざんニコニコして譲歩」からの「突然キレる」は、世界的に意味不明
- 「我」を通しすぎると、その報いが自分に返ってくることも
- ツラいときは、5年後の自分からいまの自分を見直す
- 何よりもまず自分、そして次に自分の味方の幸せを最優先する

インド流超激辛コラム4

自分にメチャクチャ甘いけど、その分、他人にも相当甘いインド人の「迷惑観」

インド人は、とにかく時間にルーズな人が多い。

インドに住んだことがある人なら、誰もがインド人からよく聞かされるフレーズがある。

それが「ツーミニッツ」（2minutes ＝2分）だ。


インド人に何かを依頼したり、あるいは催促したりするため、「あと何分でこっちに来れる？」と聞くと、皆だいたい「ツーミニッツ」と答える。

実際は20分くらい、下手をしたら2時間くらいかかるのだが、彼らはとりあえずそう答えるのだ。無論「2分で行きます」と言っておきながら、20分もかかっているわけだから当然遅刻になるのだが、彼らは悪びれるところなどみじんもない。そして、

「道が混んでいた」

「事故に巻き込まれた」

というもっともらしい理由から、

「母親の具合が悪かった」

「祖父が亡くなった」

など、怪しげな言い訳をぶちかましてくるのだ。無論、

「あれ、おじいちゃんって去年亡くなってなかったっけ？」

と思うこともあるのだが、突っ込むのも面倒なので不問に付すことが多い。

ただし面白いことに、彼らは相手の遅刻にも寛容だ。

実際に渋滞に巻き込まれて予定時間よりも30分程度遅れたところで、彼らは特に文句を言うことどない。


インド人の子どもへの教育方針は、よく次のように語られる。

日本は、

「人に迷惑をかけてはいけない」

と教える。

他方、インドでは、

「どうしても人は人に迷惑をかけるのだから、あなたも他人からの迷惑を許せ」

と教えるという。

私は意外とこの発想が好きで、実際このほうが人生すごしやすいと思っている。何ごともミスをしたら徹底的にたたかれる日本社会より、のんびりできるインドのほうが悪くないのかもしれない。

問題は、そんなインドに慣れてしまうと、日本で仕事をしているときも、

「許してもらえるだろう」

といい加減になってしまうところ。

何ごともTPOが大切だと、心に刻ん込んでおきたい。

PART 5

お金持ちがバッシングされる日本
お金持ちが大絶賛されるインド

１億円配って批判されたＺＯＺＯ前澤社長
60万ドル寄付して絶賛された国民的俳優

２０１９年も明けたばかりのころ、アパレル通販サイト「ＺＯＺＯタウン」の前澤友作社長が、ツイッター上で突如、自分のツイートをリツイートした人のなかから、１００名に１００万円をプレゼントする企画を発表した。

当初はウソじゃないかと勘繰っていたフォロワーたちも、どんどんイベントに食いつき、その後は前澤氏の期待通りの展開に。リツイートが殺到し、その数は５５０万を大きく超え、リツイート世界記録が樹立されることとなった。

その後、自己申告とはいえ当選の報告が相次いだことからも、前澤社長から選ばれた１００名に本当に１００万円が配られたようだ。ネットニュースはもとより、テレビ、新聞といったオールドメディアで取り上げられるなど、年明け１週間くらい、この騒ぎで〝祭り〟状態となったのを覚える方も多いだろう。

これだけの注目を集めたことを考えると、広告費1億円はかなりおトクだったはず。だがその一方で、この件に対しネット上で前澤氏への批判も広がった。

「悪趣味だ」

「ちゃんと仕事しろ」

「金持ちの道楽」

「貧乏人を見下している」

「当選過程が不透明だ、公平ではない」

という意見から、果ては

「そんなカネがあるのだったら、低賃金の自社社員に配るべき」

「そんなカネがあるんだったら、私が運営しているＮＰＯに寄付するべき」

「大富豪なのに1億なんて少なすぎる。宇宙に行くカネがあるんだったら貧しい人に配れ」

などといった、**ややもすると「それ、関係ないやろ」的な意見まで飛び交った**のだ。

その後、ＺＯＺＯタウンが業績予想を下方修正したことと相まって、批判は拡大。前澤氏自身も、しばらくツイッターの休止宣言を出すまでの騒ぎになった。**個人的には1億円くれるという人がいて、本当に1億円を配ったのだから、税金の問題さえクリアしていれば何ら問題はない**と思う。だが、先ほど見たように、この騒ぎは一部の人たちの反感を買ってしまったのだ。

一方同じくらいの時期にインドでも、あるお金持ちがお金を配ったことがニュースになった。

主役となったのは、**インドの国民的俳優アミターブ・バッチャン。その発言が、国政にまで影響を及ぼすといわれる超大物芸能人**だ。当然、バッチャンはインドを代表する大富豪でもある。

そんな彼が、自身の出生地ウッタルプラデシュ州のある地域の農家の借金約４０００万ルピー（約６３００万円）を肩代わりすると申し出たのだ。前述の前澤氏のニュースと、タイミングといい金額といい共通項が多い。

しかし、このニュースに対するインド国内の反応は、日本の前澤氏のケースとはまるで違った。

「さすがはB－G・B（彼のニックネーム）」

「この行為が、彼をさらなるスターに押し上げた」

と絶賛の嵐だったのだ。

「自分の地元にだけ、そんな大金バラまいて……。まったく不公平だ！」などという批判など皆無。

もちろん彼の援助先が貧しい農家で、ご存じのとおり、インドは日本よりも貧富の差が激しいという条件の違いはあるものの、前澤氏にしても応募のあったツィートからその内容を吟味し、前向きで夢がある用途をピックアップしたという点で、両者の行為の意義、意図に関しては大差なかったはずだ。

それなのに、日本の前澤氏には大批判、一方のインドのアミターブ・バッチャンには大絶賛……。一体この差は、どこからくるものなのだろうか。

お金に対する〝温度差〟を解くカギが、インドの大財閥と超人気俳優にあった！

この日本とインドの〝温度差〟を解くカギは、インド有数の財閥「リライアンス」グループにある。

リライアンスは、日本でも知られるタタ財閥やビルラ財閥と並ぶ、インドで最も有名な財閥のひとつ。繊維や素材から始まり、いまや石油、インフラ、化学から通信、金融に至るまで、幅広い分野を取り扱う巨大コングロマリットだ。

創業者はディルバイ・アンバニ氏（故人）。彼のあとを継いだふたりの息子とも、アメリカの経済誌『フォーブス』の世界長者番付でトップ10に入っていたことからも、この人物がどれくらいお金持ちだったが、おわかりいただけるであろう。

貧富の差が激しく、しかも相続税もないインドでは、実は日本同様お金持ちはやっかみの対象になりやすい。だが、このリライアンス創業者のディルバイ・アンバニ氏は違う。

生前、インドで非常に大きな尊敬を集めていたのだ。その理由はカンタンでインド人に言わせると、

「彼は自分一代で巨万の富を築いたじゃないか」

ということになる。

確かにディルバイ氏は、富裕層どころかむしろ貧しい家の出身で、父親の健康上の理由から、大学への進学をあきらめて働かなければならなかった苦労人だ。

インドでは、このように自分の力でお金持ちになった立志伝中の人に対しては、むしろストレートに敬意を払う。たとえば、インド人に「人気のある映画俳優は誰？」と聞けばまず絶対に名前が挙がるシャー・ルク・カーンがいる。正直、日本人の私から見るとそんなにイケメンにも見えないのだが（笑）、私の会社のインド人スタッフに言わせると「ありえないくらいカッコいい」らしい。興味があって「なぜ、そんなに彼がいいのか」突っ込んで聞いたところ、数ある理由が挙げられたが、なかでも面白かったのが、

「コネが当たり前の芸能界で、彼はまったくの地盤ゼロからいまの地位を築いたから」

というものだった。貧富の差が激しいからか、そういった「成り上がり」が非常にウケ

がいいらしい。

おそらく、**同じく「一代で巨万の富を築いた」ZOZOタウンの前澤社長が、インドで同じように「総額1億円のお年玉」を実行したら、「気前のいいヤツだ」と拍手喝采されただろう。**少なくとも、「悪趣味だ」なんて言う人間がいるわけがない。

彼がやったことは、自分の力で稼いだ自分のお金を気前よく世間にバラまいた。ただ、それだけなのである。称賛されこそすれ、批判される言われなどないはずだ。

ところが日本では、仮に自分の力で稼いだお金であっても、その使い方に「キレイさ」が求められる。

●自分のために使う↓カネの亡者、そんなにカネが欲しいのか！
●他人のために使う↓偽善、売名行為、世の中にはもっとお金が必要な人がほかにもいる！
●黙っている↓世の中をよりよくしようという気概がないのか！

批判する人たちは、お金持ちが自分たちよりビンボーになるまで、たたき続けるのだろうか。いずれにせよ**日本では、なぜか、たとえまったくの自力で稼いだとしても、「お金を持っている人は心の汚い人」とでも思い込みたい傾向がある**のは間違いない。そうなると、みんな自然に「お金」の話をしなくなる。

PART2のインドと日本の昇給事情でも触れたように、ここが日本人とインド人の大きな違いだ。日本ではストレートに

「給料を増やしてくれ＝お金をくれ」

と言うことは品のない行為だと思われている。だが、その結果、

- **給料が安くても手を抜かず働き、昇給も自ら要求しないのが美徳**
- **サービス残業も不満を言わずこなすのが、会社への忠誠心の表れ**
- **たとえ単価が安い仕事であっても、決して手を抜かないのがプロ**

といった無言の圧力が生まれてしまうのだ。

そしてそんな空気を読んでいるうちに、ブラック企業が増え続け、過労死する人があとを絶たず、下請けいじめも起きてしまう……。

仕事である以上、ときには苦しい期間があるのは当然だ。だが、先に挙げたような**日本独特の仕事への〝美意識〟が、結果として日本人の給与が上がるのを阻害し、多くの従業員を疲弊させている**のではないだろうか。

話はインドの旧宗主国、イギリスに飛ぶ。２０１５年、ロンドンでイギリス史上最大の金庫破りが起こった。被害総額は日本円で何と約３６０億円。

このニュース自体、興味深かったが、もっと興味を引かれたのが、この事件の責任を問われた警備員の話だ。

彼は警報を聞いて駆けつけたが、なぜか入口のドアが閉まったままであることを確認しただけで「異常なし」と判断し、その場から離れてしまう。そのスキに、窃盗団にまんまと犯行を許してしまったのだ。事件後、その点を追及されたところ彼は何と、

「私はドアを確認する作業分しか給料をもらっていません」

と答えたのだ。

正直、私はこのニュースを知ったとき、思わず笑ってしまった。実にインド人が言いそうなセリフだったからだ。

「たとえ、お金がもらえなくても自分の職務は完遂するべき！」と考える人が多い日本とはエライ違いである。日本人なら、しばらく現場にとどまり、周囲をチェックするぐらいするだろう。

だが、この警備員の発言こそが、本来の正しい「会社と従業員の関係」を表しているのだ。従業員は会社が定めた業務範囲を遂行する義務を負い、その対価としてお金をもらう。**たとえ目の前で窃盗団が盗みを働いていたとしても、それが定められた業務範囲外であれば、一義的には警備員といえども対応する必要などない。**

業務の対価から考えて圧倒的に仕事の内容が高度だと考えたら、会社に対してやんわりと「ムリですね」と意思表示をすればいい。あるいは自営業なら、「この業務にこのギャラでは割に合わないので、もっとアップしてください」としっかり伝えればいいのだ。

インド人が大好きな神様、ガネーシャとラクシュミーの真の力

一方のインドはどうか。

PART2でも紹介したように、昇給交渉でも取引交渉でも彼らはガンガン「お金をくれ」と主張してくる。いや交渉時だけではない。私はよくインド人スタッフに「私の仕事に満足していますか？」と聞かれる。相づち程度に「ウン、まあね」と答えると、彼はその途端「じゃあ、来月から給料を上げてください！」と訴えるのだ。まったく油断もスキもあったものではない。

ともあれ、「オレたちはお金を稼ぐために働いている。お金にこだわって何が悪い」というスタンスだ。

そして何より象徴的だと思うのが、彼らが好きな「神様」である。

インドの神様といえば「ガネーシャ」が有名だ。あの象の顔をして4本の腕を持つ、特徴的な姿を見たことがある方も多いだろう（もし見たことがないならば、本書のカバーか小見出しのアイコンをいますぐチェック）。実際にインド人たちの間でも非常に人気があり、街のあちこちでガネーシャ像をよく見かける。

ではなぜ、**ガネーシャがこんなに人気があるのか。その理由は「商売」のご利益があるから。**つまりガネーシャは、ヒンドゥー教信者に「富」をもたらしてくれる神様なのだ。

もうひとつ、インドで人気がある神様の代表格といえば「ラクシュミー」である。

やはりPART2で紹介した、北インドで一番のお祭り「ディワリ」とはこのラクシュミーをまつるイベントで、日本のお正月のように老若男女問わず、みんな会社も学校も休んで、自宅を派手に飾りつけて祝う。実はこの**ラクシュミーは「美」と、これまた「富」の神様**なのだ。

多少強引に言ってしまえば、**日本で町の至るところに「招き猫」や七福神の「エビスさん」がまつられているようなもの。**インド人は、とにかく「儲かりそうな神様」が本当に大好きなのだ。彼らにとってお金を稼ぐこと＝いいことであり、誇るべきこと。一代で成功したリライアンスや、シャー・ルク・カーンが世間の尊崇を集める理由もここにある。

私が**久しぶりにインド人の友だちと会うと、必ずあいさつがわりに**

「最近君のビジネスはどうだい？」

と聞かれる。

本書に登場するセリフからもわかるように、私はコテコテの関西人なのだが、関西弁で「ボチボチでんな」と答えるわけにもいかないので、いつも

「So so.」（まあまあだね）

と答える。

日本人との会話ならここで終わりなのだが、私が「So so.」と答えると、相手のインド人はほぼ１００％怪訝そうな顔をして、

「どうしてだ？」

「大丈夫か？」

と心配するのだ。

なぜなのか。インド人に同じ質問をしてみよう。

「君のほうこそ最近ビジネスはどうなんだい?」

すると彼らは、決して「So so.」などとは返さない。

「メッチャええ感じ。新しいオフィスも借りちゃうかも!」

「従業員数は、以前オマエと会うたときの倍くらいになったでぇ」

などと景気のよいことばかり言う。実は彼ら全員が本当に儲かっているわけではない。

それでも彼らは、常に「絶好調だよ!」と答えるのだ。

どうも、彼らには「儲かっていて、お金があるように見せておかないと、いいビジネスチャンスは回ってこない」という考えがあるらしい。加えて**自分を奮い立たせる意味でも、景気のいいコメントをしたいらしく、日本人のように「ボチボチでんな」と言って煙に巻く習慣などない**のだ。


日本人の感覚だと、「他人に『儲かってる』などと言ったら、妬まれるか、あるいはイヤなヤツだと思われるよな……」となるので、「ボチボチでんな」とボカす。

だが、インド人はそんなことなどみじんも考えない。なぜなら繰り返すが、彼らにとって「儲ける」ことは、常に「よい」ことであり「誇るべき」ことだからだ。

なぜインド人は税金の内わけから控除額、社会保障料まで即座に計算できるのか？

このように、あらゆる場面でインド人は、「お金」や「儲け」について話すのが大好きだ。たとえば、新しい家具を買ったら、すぐに来客から「それはいくら？」と聞かれるし、オフィスを引っ越したら「家賃はいくら？」と必ず質問される。日本だと、いきなりお金や値段の話をしたら、まず間違いなく失礼だと思われるだろう。だが、**インド人は日常生活とは切っても切り離せないからこそ、「お金」の話を非常にオープンにする**のだ。

あるとき、私は町でインド人の若い青年に道を聞いた。どうやら彼と向かう方向が同じだったので、一緒に行こうという話になりふたりでデリーの町を歩いた。

「どこから来たの？」

「観光？　仕事？」

「どこに勤めてるの？」

などと雑談をしながら話し続けていると、**唐突に彼は、**

「で、君の給料っていくらなの？」

と聞いてきたのだ。日本だと、初対面はもちろん仲のいい友だち相手でも、給料の額を聞くことはないだろう。しかしインドでは、この手のやり取りは日常茶飯事なのだ。


日常といえば、ご近所さんのインド人と話していても、彼らは「お金」について非常によく考えている。「自分の給料が今度はこれだけ上がりそうなんだけど、そうなると税金がいくらいくら増えるから困る……」というような会話をよくしているのだ。

自分の給料がいくらで、その内わけはこんな感じで、その場合は控除がいくら、税率がこれとこれだから税額は〇〇ルピーになると、話しながら計算していく。とにかく、どうすれば自分の手取りが一番大きくなるか、本当によく知っているのだ。

もちろん、税の専門家でもなんでもないのでわからないことも当然あるが、そんな場合も、彼らは知り合いの会計士に即電話して相談し、キチンと確認をとっていく。とにかく**「お金」というものに対する向き合い方が、信じられないほど真剣**なのだ。

日本人の場合、自分の給与明細を見ても、自分の額面給与がいくらで、自分はどの種類の控除を受けていて、税金や社会保障料がどうやって計算されて、その結果自分の手取りがこうなった、といったことを理解している人などほとんどいない。

よく**「日本は税金が高い」と言う人がいるが、それは間違いで、多くの会社員が納めている税金の金額など実は微々たるもの**だ。むしろ日本では、**税金などよりも社会保障料の負担のほうが圧倒的に大きい**。

給与明細を見て、ちょっとネットで調べれば、基本的な税率・料率からその計算方法まですぐ見つかるし、それで実際に計算してみれば社会保障料の負担が大きいことなどもカンタンにわかる。

ところが、そんなことすら誰も調べようとはしない。日ごろからお金の話をストレートにする習慣がないから、自分の給与の仕組みについてもじっくり考えることをしないのだ。

私はかつて日本のウェブサイトで、家計相談を3年間連載していたことがあった。そのなかで一番多かった相談内容が、「私のお金はショートしないか」「老後資金は十分か」というもの。私は正直、心のなかでは「いや、そんなのすぐに計算したらええんちゃう?」と不思議に思っていた。

エクセルを使えば、毎月の手取り収入や人生のイベントごとの支出をざっくり計算することくらい、カンタンにできる。それなのに世の中のほとんどの人が、40歳のときにどれくらい貯金ができそうかとか、定年退職時にはどれくらいの老後資金が必要なのかといったことを、計算しようとすらしないのだ。

目先の買い物が100円安いかどうかは気にする人たちが、それこそ自分の生活を左右する、人生100年のお金計画を一切立てない。これは、非常に矛盾しているのではないだろうか。

お金は私たちの人生で絶対に必要なものなのだから、もっと真剣に考えるべきだし、昇給や転職もしっかり考えるべきだ。無論、そのシミュレーションもキチンとやっておくべきなのである。

お金に真剣に向き合うために必要な、自分の人生のキャッシュ・フロー表づくり

シミュレーションのためには、まず自分の人生の「キャッシュ・フロー表」をつくることをオススメしたい。これがあれば、インド人のように自分の「お金＝キャッシュ」と、真剣に向き合えるはずだ。

「キャッシュ・フロー表」といっても、何らややこしいことはない。毎年毎年のざっくりとしたお金の出入りの予想をし、１００歳までシミュレーションしてみるだけ。

給料や生活費がいくらくらいになるかを見積もり、結婚、出産＆養育、退職などもすべ

お金が丸わかり！「キャッシュ・フロー表」の一例

【キャッシュ・フロー表の目的】
①「人生の『お金の節目』にお金は足りるのか？」の確認
②「90 歳までお金はもつのか？」の確認
③「私たちが欲しいライフスタイルは可能なのか？」の確認

節目１　住宅購入

本人年齢	32	33	34	
妻年齢	32	33	34	
子ども年齢	1	2	3	
貯金（年初）	300	520	790	
本人収入	350	350	350	
妻収入	200	250	250	
他収入	0	0	500	妻実家からの援助
生活費	330	330	350	
臨時出費	0	0	1000	住宅頭金
貯金（年末）	520	790	540	

節目２　子どもの大学進学

本人年齢	50	51	52	
妻年齢	50	51	52	
子ども年齢	19	20	21	
貯金（年初）	2700	2860	1820	
本人収入	440	440	440	
妻収入	280	280	280	
他収入	0	0	0	
生活費	400	400	400	
臨時出費	160	160	160	子どもの大学学費等
貯金（年末）	2860	3020	3180	

節目３　無年金期間

本人年齢	65	66	67	
妻年齢	65	66	67	
子ども年齢	34	35	36	
貯金（年初）	5800	5640	5240	
本人収入	250	0	0	60 歳定年後に継続雇用制度を利用し 65 歳まで働く前提
妻収入	0	0	0	
他収入	0	0	1000	老後の臨時収入は遺産と保険くらい
生活費	400	400	400	
臨時出費	0	0	0	
貯金（年末）	5650	5240	5840	

節目４　老後生活

本人年齢	88	89	90	
妻年齢	88	89	90	
子ども年齢	57	58	59	
貯金（年初）	1960	1640	1320	
本人収入	180	180	180	年金収入
妻収入	100	100	100	
他収入	0	0	0	
生活費	600	600	600	どちらかが老人ホームに入っていると想定
臨時出費	0	0	0	
貯金（年末）	1640	1320	1000	90 歳になってまだ 1000 万円以上あったらほぼ OK！

カンタンなので、実際にエクセルで自分の100歳までのキャッシュ・フロー表をつくってみよう！

て折り込んだうえで、毎年の予想預金残高も割り出す。その結果、100歳までキャッシュがショートしなければ安心、という計算表になる。

さらに慣れてきたら、その預金残高を株式やファンドへの投資に割り振った場合、どれくらい財産が増えそうかというシミュレーションも織り込んでおけば完璧だ。

先述の家計相談でもよく指摘したが、こうした**「お金のカレンダー」をつくってみると、私たちはアホみたいにムダ遣いをしないかぎり、意外と老後の生活資金がショートすることは少ないということに気づく**はずだ。

漠然とした「お金に対する不安」というものを抱えている人は多いが、不安というものは、そもそも「見えない」から起きるものなのだ。それに、インドのように人々がお金のことをあけすけに話し、常に「可視化」できるような社会が日本にもすぐに現れるとは思えない。

だからこそ、自分のキャッシュ・フロー表をつくることをオススメしている。この表で**お金のことが「見える」ようになると、あっという間に「不安」など消え去ってしまう。**

足りていればそのままの生活を維持すればいいし、足りなければ生活を見直してムダを省けばいいからだ。

日本人の個人資産は2000兆円近くある。

そこまで個人資産があれば、その圧倒的なマネーは行き場を失い、株や不動産、あるいは美術品などに向かい、バブルをつくり出すはずだ。ところが、その2000兆円のほとんどは、運用利率0・1%以下の預金口座に眠り続けている。その理由はカンタンで、将来が見えないからのひと言につきる。

インド人のようにお金に敏感な人ならば、「儲かるかも」という〝匂い〟を積極的にかぎ分け、それこそ「60点主義」でまず行動に移せるだろう。インド人は、お金・運用・投資に関しても、やはり「見切り発車」が大得意なのだ。

だが、**「100点主義」がしみついている大半の日本人の場合、まず必要なのは「長い先の人生の安心」**だ。その安心を得るためにも、「お金のカレンダー」＝キャッシュ・フロー表を見ながら人生を逆算し、生活資金のことを考えるべきなのではないだろうか。

PART5のまとめ

- インドでは、自分の力で成功したお金持ちは尊敬される
- ZOZO前澤社長が、インドで「総額1億円のお年玉」を実行したら絶賛確実
- 日本では、なぜか「お金を持っている人は心の汚い人」と思われる
- たとえ目の前に泥棒がいても、業務範囲外であれば警備員でも対応する必要なし
- 「商売はどう?」と聞かれて、「ボチボチでんな」ととぼける習慣はインドにない
- インド人は日常生活とは切っても切り離せないからこそ、「お金」の話に真剣
- インド人は自分の手取りを少しでも増やすため、給料の内わけもきちんと計算する
- 「日本は税金が高い」は間違いで、むしろ社会保障料の負担のほうが圧倒的に大きい
- 「キャッシュ・フロー表」をつくれば、人生とお金の関係が可視化できる
- お金のことが「見える」ようになると、「不安」もカンタンに消え去る

インド流激辛コラム5

果たしてインド人は信心深いのか、それとも実は神様など大して信じていないのか?

神様の話が出たので、ここでは少し宗教にまつわる話を。

インドは13億と人口も多いが、それとともにたくさんの宗教が共存している。一番多いヒンドゥー教を筆頭に、イスラム教、仏教、キリスト教、それに加えて、日本人になじみがほとんどないジャイナ教、シーク教、ゾロアスター教などなど。

ちなみに私たちが一般的にイメージする、ターバンを巻いてヒゲを生やしたインド人は「シーク教徒」だが、実はインドの全人口の2%足らずにすぎない。

日本に比べると、都会のデリーの人ですら皆ビックリするくらい信心深い。自宅にはしっかりとした祭壇があるし、親戚とお寺に行くだけでなく、自宅でも多くの宗教行事をとり行う。

また宗教の戒律も厳密に守るため、牛を食べられない人、豚を食べられない人、そもそも肉料理はすべてダメな人から、根菜すら一切食べられない人などもいる。このように、インド人はとても信心深いのだ。

ところが、その一方で「果たして、ほんまに彼らは信心深いんやろか?」と疑問に思う瞬間もよくある。

たとえば寄付。

私の自宅にも事務所にも、よく「寄付をください」という人が訪問してくる。オフィスに来たらスタッフに対応してもらうのだが、彼らは日ごろあれだけお寺にはよく行くのに、誰ひとりとしてたとえ1ルピーすらも寄付しない。彼らに言わせると「宗教の寄付なのか怪しい」とのことなのだが、本当に信心深いのであれば、疑う前にとりあえず10ルピー(約16円)くらい寄付してもいいと思うのだが……。

もっとも、確かに寄付を募りにやってくる側も、真剣に宗教を信じているのか疑わしいときがある。

自宅に寄付をお願いする人が来ると、だいたい私は「仏教徒だから」と言って断るのだが、彼らはそれでも食い下がってくる。

「イヤイヤ、神様なんてね。どの宗教でも結局一緒、ひとつなんですよ」

と。

多神教のヒンドゥー教が大多数を占めるインドで、神様はひとつと平気で言ってしまえるところがすごい。それに加えて、

「神様なんてどれも一緒やん!」

「仏教徒でも大丈夫、とりあえずお金ちょーだい!」

というメンタルに驚かされる。

「果たして、本当に神様を信じている人がそんなこと言うものなのだろうか」

寄付の人が来るたびに、そう思わざるをえない……。

地下鉄などで、乗車口の列に並んでいるときもそうだ。彼らは日ごろ、神様の教えをや

たら厳しく守ろうとする反面、列は守らないしゴミはその辺に捨てる。このほうが、寺に足しげく通うより、よほど「バチ当たり」だと思うのだが。

むしろ、「宗教なんて信じません」と言いつつ、きちんと列で順番を守り、あたり気にせずゴミを捨てない日本人のほうが、よっぽど「神様（の目）」というものを信じているのではないだろうか。

PART 6

お金があるのに将来が不安な日本人 お金がないのに希望に満ちたインド人

なぜ社会保障制度が充実した日本の人口が減り、社会保障が不安定なインドの人口が増えるのか

前のＰＡＲＴ５で、お金について真剣に考えて、言うべきことはしっかり、しかも即座に言うインド人と、

「お金のことはあまり考えず、目の前の仕事に打ち込みなさい。お金はあとからついてくるんだから」

と教えられる日本人を比べてみた。

因果関係はさておき、どちらの考えの国が伸びているかについては、すでに結果が出ている。

ＰＡＲＴ１でも触れたように、インドは毎年１０％の昇給が当たり前の国であるのに対し、一方の日本は「給与が上がらない国」。日本が欲している**インフレも、インドは４％程度となかなかの水準だ。あれだけ日銀が現金を刷っても、一向にインフレの「イ」の字も見**

えてこない日本とは、エラい違いである。

お金のことを考えずに、目の前の仕事に一心に打ち込んだ結果、私たちがいま直面しているのは、このように30年間所得が一向に増えない社会なのだ。

もちろん、将来的にまだまだ人口が増える国と、すでに減っている国というのも、両国の勢いに大きな差がついた理由のひとつだろう。

では、どうして社会保障制度がまだまだ未整備なインドの人口が増え、逆に福祉制度がしっかりしている日本の人口が、どんどん減っているのだろうか。

一般的に言われているのは、次のようなことだろう。

ひとつは教育費の高騰。

子どもひとりにかかる教育費が高くつくのであれば、人々は子どもの数を少なくしようとするだろう。負担できる教育費に限界があるからだ。

一見もっともらしく思えるが、果たしてこれは本当だろうか。

当然のことながら、教育にお金がかかるのは日本だけではない。ＰＡＲＴ４で述べたようにインドも立派な受験大国だ。ある程度のお金持ちになると、息子、娘をイギリスやアメリカに留学させるのは、もはや当たり前だ。その意味では、インドは日本以上に教育熱が高い国ともいえるだろう。

ふたつ目は女性の社会進出。

女性の社会進出が進めば、自身のキャリアをあきらめたくない女性が、結婚を遅らせる、あるいはしないという選択をする可能性が高まるので、自然と子どもの数は減る可能性がある。

だが、これも疑わしい。

なぜなら、インドの労働者に占める女性管理職の割合は、実は日本よりずっと高いからだ。**日本が30代女性で12％であるのに対して、インドは同じ30代女性で48％**にも上る。インド人は肩書きにこだわる人が多いので、若いうちから「部下ゼロ」でも管理職につけることがよくある点を差し引く必要はあるが、それにしても、日本と比べてこの48％、つまり30代女性のふたりにひとりが管理職という数値はすごい。どうやら原因は、これでもなさそうだ。

となると残りはひとつしかない。

それはＰＡＲＴ５でも少し触れたように、日本人全体が何となく抱える、将来に対する「ぼんやりとした不安」だ。

将来、収入がどうなるかわからない。経済はいまよりさらに悪くなりそうだ。そうであるならば、お金がかかる子育ては生活のリスクとなるから、はなから子どもをつくらないでおこうという図式なのだ。

一方のインドはどうか。

それこそ、ＰＡＲＴ４でもちょっと触れた**映画のタイトル「きっと、うまくいまく」ではないが、みんな、今日よりは明日のほうがきっと豊かになると思っている。すると、お金はどんどん使うし子どももたくさんつくるから人口が増える。**そういう図式だ。

さらに進んで、この両国の図式の差はどこから生じるのか。

本書で何度も紹介した「１００点主義」と「60点主義」の違いも一因だろう。ここまで見てきたように、インド人は仕事に関して、どんどんミスをしてもいいと考える傾向が強い。たとえミスをしたとしても、そこから修正・改善・やり直しをすればいいと思っているからだ。

私の知人に、会うたびに仕事が変わっているインド人がいる。

彼は当初、穀物関係のビジネスで起業したのだが、次に会ったときには繊維関係の商社を起業していた。その1年後に再会した際には、外国人向けのタクシー会社を立ち上げていた。さらにその1年後、今度はオモチャ販売を始めていた。まさに、とりあえずスタートする「60点主義」の典型的タイプだ。

どのビジネスも、特段うまくいっているわけではない。スクラップ&ビルドではないが、起業しては潰し、潰しては起業しの繰り返しだ。

日本人なら「会社を潰した」などというと、もう首でもくくらないとダメなような気がしてくるが、彼は**1回や2回の倒産など意に介さない。**そして今日も、「オレはビジネスで成功する！」と鼻息荒く仕事をするのだ。

日本より貧しいにもかかわらず ニート、パラサイト天国のインド

ここで、この「60点主義」のバックグラウンドをもう少し深掘りしてみよう。先ほどの彼にしても、どうしてこんなに何度もスクラップ＆ビルドを繰り返せるのだろうか。

日本の感覚だと、会社をダメにしたら、次の資金をためるために何年も、下手したら10年くらいイバラの道を歩まなければならないだろう。起業資金以前に、日々の生活費が必要となってくるからだ。

しかしインドでは、彼だけではなくこういう若者を非常によく見る。倒れても倒れても、「オレは成功する！」と何度も起き上がることのできる若者だ。

私もずっと気になっていたので、実際、彼に聞いてみた。

「一体どうやって生活してんの？」

すると返ってきた答えは単純明白。

「毎日の生活は親と同居しているので一切お金はかからないし、アニキがアフリカの商売でひと儲けしているので、そこから起業資金も援助してもらっているのさ」

ということだったのだ。

彼はもう30歳。日本だったら
「いい年して、親に依存するなんて情けないやろ！」

「それってニートやん、パラサイトやん！」

と批判の対象となるのだろうが、インドでは別に珍しくもなんともない。

私がインドで住んでいる地域でも、**昼間から働かずフラフラしている若者や青年が非常に多い。**

彼らは大学を卒業していたり、以前の仕事を退職してから仕事を探していたり、あるいは起業をしようかと試行錯誤していたりするのだろうが、**親や一族も特にそれを責めることもなく、同居して生活の面倒を見ている**のだ。

彼ら、日本人の目から見たら「ニート」たちも、悪びれる様子も申し訳ない感じでもなく、「親やお金を持っている親戚が、オレを養うのは当たり前だ」という態度で普段をすごしている。

「身の回りの使えるものを使って何が悪い！」

という発想なのだ。

日本から見れば「依存」「たかり」に見えるかもしれないが、一方インドの社会全体で見ると、この仕組みがいわば立派な「セーフティーネット」になっている。

仕事を一時的に辞めても生活は困らないのだから、

「ここは一発勝負に出よう！」

とか、

「万が一仕事がうまくいかなくなったとしても、自分の一家ともども親戚の世話になればいいや！」

という発想ができる。その結果、皆、安心して結婚し子どももつくれるということ。

こうした環境が、国による社会保障制度がまだまだ整備されていないインドの人口増加を、どんどん後押ししているのである。

インド人が素朴に疑問に思う、生活保護があるのに餓死者が出るのはなぜ？

以前、私の会社のスタッフに、日本の「生活保護制度」について話したことがある。

「家族4人だと、毎月20万円以上もらえるケースもあるんだよ」

ということを伝えたら、物価水準の違いから非常に驚いていた。ところが、

「この生活保護をもらうことを『恥ずかしい』と思い、申請せずに餓死する人もいるんだ」

という話をしたところ、さらに驚かれたのだ。

明確な制度があり、その要件も満たしているのに、「なぜ、使えるものを使わないのか」

ということ。さらに彼らが言ったのが、やはり、

「日本人は、どうして親や兄弟を頼らないんだ？」

ということだった。**最も近い存在といえる親や兄弟に頼ることすら「恥ずかしい」と考えることに、強い違和感を覚えた**のだ。

「社会保障」というと国が用意してくれるものがすべてのように思うが、インドの例を見ればわかるように、実際の社会保障には2種類がある。

ひとつが国の社会保障であり、もうひとつが個人的な社会保障、つまり親や兄弟、子ども、親戚などだ。

日本も昔は、インドのように一族がお互い助け合い、仕事やお金を融通し合うことで、この「第2の社会保障」を形成していたが、いつの間にか核家族化が進むことで、この仕組みが壊れ始めてしまったのだ。

その結果、将来への不安が増し、子どもをつくらないことで一族自体の数が減り、「第2の社会保障」がさらに機能しなくなるという、〝負のスパイラル〟に入ってしまったように見える。

一族4世帯で同じ家に住み、会社の役員も全員親族にするワケ

さらにインドの場合、お金持ちもマインドが変わらない。

私の知人に一代で財を成したインド人がいる。当然、彼の住まいがあるのは高級住宅街。インドで多い4階建ての「フラット」という建物だ。彼は、そこの3階に住んでいる。インドでは親との同居が当たり前なので、彼の両親の住まいはそのフラットの2階だ。

この「2世帯住宅」くらいなら、まだ日本人でもイメージしやすいだろう。

ところが、実はこのフラットに住んでいるのは2世帯ではない。それに加えて2階と4階には、彼の兄弟一家が住んでいる。つまり**「4世帯住宅」なのだ。もちろん家族だから家賃はタダ**。しかも、ひとつのフラットに一族4世帯が固まって住むというのは、彼の家だけの特殊なケースではない。インドでは、非常によくある光景なのだ。

もっと顕著なケースもある。

やはり私のインド人の知り合いは、親子2代で製造業を起業して成功した人で、デリー近郊でいくつもの会社と工場を経営している。そんな彼の**会社の役員にズラリと名を連ねているのは、経営のプロかと思いきや、いずれも彼の兄弟や親戚ばかり。**

しかも肩書きだけでなく、高額の役員報酬もしっかり支払われている。これも、インドで一族から成功者が出た場合によく見る姿だ。

正直、ビジネスの中身も知らない人を役員にしても大丈夫かと思い、それについて質問したところ、彼らは

「優秀なマネージャーを下につけているから実務は問題ない。それより何より、この国では信用できないアカの他人よりも、血縁で絶対に裏切らない人を役員するほうがまだまし。それにこうすると親も喜ぶからね」

と返してきた。

彼らは皆、基本的に「何かあったら一族で助け合う」と考えている。**仮に自分が上手く**

いかなかったとしても、一族のなかで誰か成功者が出たらその人に面倒見てもらえればいい、という発想だ。

そうすることで、みんな新しい商売や、思い切った転職にチャレンジできるし、将来の不安からも解放されるのだろう。インド人がアグレッシブでいつもいろいろなビジネスにトライする姿勢を持っているのは、生来の「60点主義」という気質とともに、こういった「第2の社会保障」の裏づけがあればこそなのだ。

お金が銀行口座に眠り続ける日本と、「宵越しの銭」を持たないインドの差

途上国と聞くと、私たちはついつい、その国の社会保障制度は日本と比べて立ち遅れているのだろうと思いがちだ。だが、遅れているとしても、それはあくまで国の制度としてのこと。見てきたようにインドはもとより、その他の国でも、それを補完するような制度、文化がしっかりと根を張っているのだ。

たとえば、**中国やインドは日本よりもずっと敬老の意識が強い。**

電車に乗っていても、若者が席に座り、老人が立っているという光景に、まず出くわしたことがない。彼らは、たとえ席に座っていても、高齢者が乗ってくると言われるまでもなく、サッとどいて席を譲る。一方日本では、電車で若者が席を譲らず、老人がしかたなく立っている光景などもはや日常的だ。

この違いは、老後の親の面倒に対する意識の違いにもつながっているのではないか。日本では、親の老後の面倒を子どもが見るということも、不確実になってきた。親世代は当然老後が不安だから、財産を使うことも、子どもに贈与することもなく、しっかりためこんでいく。

結果、親世代は財産をためることで、将来子どもが面倒を見てくれなくても充実した施設に入れるという安心が手に入る。しかも、財産をたくさん持っていると、その相続を期待して、子どもたちが「お世話合戦」を始めてくれるのだ。つまり、ある意味、**財産が人**

質なのである。

その後、無事に遺産として子ども世代に渡ったタイミングで、今度はその子ども世代の老後不安が始まる。その結果、永遠にその財産は使われない。だから、各家庭の「財産」は、いつまでたっても銀行口座で眠り続けてしまうのだ。

ＰＡＲＴ５でも述べたように、日本の個人金融資産は２０００兆円近くある。借金漬けといわれている日本政府の債務１０００兆円の約2倍だ。

それでもこの金融資産はまったく動かない。これらの大部分を保有しているとされる70歳以上の世代が将来不安、別の言い方をすれば彼らと子ども世代の間に「相互不信」があるからだ。

そして、**この「不安のスパイラル」が次の世代、そのまた次の世代へと増幅していき、何も生み出さないお金がリレー方式でパスされ続ける……。**

一方のインドの高齢者はどうだろう。当然、ほとんどの一般庶民は、大した財産など持っていない。しかし、**子ども世代が面倒を見てくれるという強い信頼感があるので、彼らは**

「宵越しの銭」など持たず、しっかりと使う。そうなると、当然、消費が活性化する。その結果、経済全体に好影響が及ぶことは言うまでもないだろう。

令和世代の日本人に絶対に必要な、「頼れるもの、使えるものは全部使う」マインド

もちろん、いまさら日本もインドのように「大家族主義になろう」「家族はみんなで同居しよう」というのは、時代錯誤もはなはだしい。

ただ、平成の31年間に失われていってしまった「第2の社会保障」を修復するという作業は、必要なのではないだろうか。

具体的には、インド人同様「使えるものは使う」との発想である。

最初は自分でがんばる。でも困ったら親に頼る。兄弟に頼る。無論、制度にも頼る。と同時に、周りにそういう人がいてもたたかないという考え方だ。

日本のネット世論を見ていると、ニートや生活保護受給者をたたく人を多く目にする。ただ、そういった厳しい意見を見ると、いつも「ボクたちも『そっち側』に行く可能性があるのに……」と思う。

私の場合は自営業であるから当たり前だが、大手企業ももはや安心できない。フツーに相次ぐリストラのニュースなどを見ていれば、他人ごとではなくなってくるはずだ。つまり、**私たちがネットでたたいているのは「明日の私たち」**なのだ。

まず一人ひとりが、「使えるものを当たり前に使う」という意識をつける。そして実際に使う。そうすることで、社会全体のセーフティーネットが強まり、思い切った行動をとることができる。つまり、第1章でも述べた「70点主義」を、社会全体で後押しすることができるのだ。

日本もかつてはインド同様、社会保障という「政府提供のセーフティーネット」以外にも、たくさんのセーフティーネットが存在した。戦前から1960年くらいまでの大家族主義がそうだし、それ以降は企業が終身雇用や定年後の仕事のあっ旋、企業年金などで、人々の生活を助ける役割を担っていたのだ。しかしいまや、企業が提供するセーフティーネットも、ほぼ消滅してしまった。

そのような時代だからこそ、もう一度自分の身の回りを見回して「使えるものを躊躇せず使う」という発想が必要なのだ。

インド人に言わせるならば、日本には

●年金もある

●健康保険制度もある

●生活保護もある

●加えて家族もいる

それなのに生活に困窮し、果てには不幸にも餓死する人がいるのが「まったく理解できない」となる。

インド人に日本の社会保障制度を説明すると、まず間違いなくその充実ぶりに驚かれる。

こうした社会保障制度は、ダムや水道や発電所、道路などの「ハード面」のインフラに対して、「ソフト面」のインフラといえよう。日本は世界から絶賛されるハード面のインフラだけでなく、ソフト面でも素晴らしい仕組みを築いているのだ。

私たちは、このように**世界的にも恵まれた社会保障制度の恩恵にいつでもあずかれる**のだ。だからこそ制度の中身をきちんと理解し、使うべきときにはためらわず使う。これが、国民一人ひとりのリスクヘッジにもなると同時に、「70点主義」社会を実現するための大事なバックボーンともなるのである。

PART 6のまとめ

- 日本の人口が増えないのは、教育費の高さでも女性の社会進出のせいでもない
- インドのほうが日本より、はるかに女性進出が進んでいる
- 将来不安で人口減の日本に対し、未来が明るく人口が増えるインド
- インド社会では、ニート、パラサイトもまったく珍しくない！
- 親や一族も特にニートを責めることもなく、同居して生活の面倒を見ている
- 親への「依存」「たかり」がインド社会の立派な「セーフティーネット」
- 「生活保護」を使わず餓死するという日本社会に、インド人が覚える強烈な違和感
- 社会保障には、国の社会保障と家族、親せきなど個人的な社会保障のふたつがある
- 私たちがネットでたたいているのは「明日の私たち」
- いまこそ日本人に必要なのが「頼れるもの、使えるものは全部使う」マインド

インド流激辛コラム6

インドと日本の会計&税制の違いから考える、「ラクな」仕事のあり方

私の仕事は会計と税務がメインなので、最後に少しだけその話を。

現在、仕事の重要な部分は、日本の本社が決算書をつくるために必要とする、インドの子会社の情報を整備し送付すること。こうした文字だけ読むと、「意外とカンタンそうな仕事だね」と思われるかもしれない。

だが、この仕事がいつも非常に大変なのだ。その理由は、インドと日本の会計と税制の「期限」が大きく違うからである。

ご存じかもしれないが、日本の法人税の申告期限は決算から2カ月後だ。3月決算の会社なら5月31日。一部会計監査などを受けないといけない会社であっても、6月30日と3カ月後である。

一方のインドの会計制度はどうか。インドは基本的にすべての会社に、3月決算が義務づけられているのだが、その申告期限はなんと9月30日。決算日から実際の申告まで、半年もの猶予があるのだ。ということは、9月30日までは3月決算の数字が動く可能性があることになる。

ここをめぐり、日本側とインド側で大きなトラブルになるのだ。

日本人の感覚だと「どうして会社の数字を固めるのに6カ月もかかるのだ！　もっと早くやれ」となる。

一方、インド側の意見としては「どうせ期限は9月末なんだから、それにさえ間に合えばいいじゃないか」となるのだ。

昔はこういった場合、日本側の意見が正しいと思っていたのだが、最近はどうもインド側が言っていることのほうが正しいのでは、と思うようになった。とにかく日本人は真面目すぎ、かつリスクや責任を怖がりすぎて、「法律にない規制」まで自分でつくってしまい、結果、自分自身の状況を苦しくしてしまう傾向がある。

どういうことか。

この「自らを自主的、自発的に苦しめがち」という傾向は、実は日本の会計&税務のあらゆるシーンで見られる〝症状〟だ。

たとえば「決算短信」。

決算短信とは、企業の決算を一番早く伝える文書で、そのスピーディーさを維持するために、会計士によるチェックは不要とされている。そう本来ならば、1ミリたりとも「やらなくていい」仕事なのだ。

しかしそこは「100点主義」の日本人、「やらなくていい」と法律で決まっているにもかかわらず、「やったほうがいいだろう」という慣習に従って、結局やってしまう。

そうして毎年チェック時期であるゴールデンウイークには、日本中の会計士と経理マンが、「法律ではまったく義務づけられていない仕事」で、疲弊してしまうのだ。

どうして日本は、この「本来やらなくてよい」ものにまで、「100点主義」を持ち込んでしまうのだろうか。

ホワイトカラーの生産性がG7のなかで一番低いのも、間違いなくこのあたりに一因があるだろう。

何度も述べてきたように、「インド人のやり方、考え方をまんま見習え」と言うつもりはない。ただ、日本人は自分たちのためにも、もう少し仕事を「ユルく」考えたほうが、いいのではないだろうか。

エピローグ

日本人の「お金」と「仕事」と「人生」に、〝インド式スパイス〟を加える本当の意味

テレビ番組では絶対に放送されない知られざる日本人の真のイメージ

日本人は、「外国人に自分たちがどう思われているか」を非常に気にする。訪日観光客の増加により、町なかで「日本はどうですか？」とインタビューする番組が増えているのも、そういった土壌があるからだろう。当然テレビ番組なので、「ニッポン、サイコー！」といったコメントばかりが流されるが、「外から見た本当の日本」は、実際のところどうなのだろうか。


私は9年インドでのビジネスをしているので、若い人から年配の人までたくさんインド人の友だちがいる。そうした仲良くなった人にたまに、

「日本や日本人に、どういうイメージを持っているのか？」

と質問することがある。

もちろん予想通り、多くのインド人にとって日本人は遠い存在であり、「わからない」というのが回答の大半だ。ところが、そのなかで、日本人の友だちがいたり、日本企業とビジネスをしたことがあったりする人がいる。彼らの答えは、目の前にいる日本人の私に気を使っているのか、たいがい、

「テクノロジーは先進的だよね」

「親切で平和的な人たちだよ、日本人は」

あたりとなる。

ただし、正直それでは面白くないので、私はあえて突っ込んで「じゃあ、ネガティブなイメージは？」とたずねてみた。すると返ってくる代表的な答えが、

「自分の意見を言わないよね」

「何を考えているのか、正直よくわからん」

というものなのだ。それに加えて興味深かったのが、

「実は一緒にいても、あまり楽しくないね……」

という意見が少なくなかったこと。

彼らからすると、

「日本人は一緒にお祭りやパーティーに行っても、踊らないし歌わない。ただ、すみっこでお酒を飲んでニヤニヤしているだけなんだよね」

となる。

「意見を言わない」「何を考えているのかよくわからない」という問題は、本書で何度も述べてきたように、積極的に自分の意見を明らかにすることを心がければ、徐々に解決されていくだろう。

その一方で、この「楽しめない」問題をクリアするには、どうすればいいのか。

よくよく考えてみると、この問題こそ本書で紹介してきたすべてのテーマに通じていることがわかる。言い方を変えれば、この**「楽しめない」↓「楽しむ」こそが、私たちにいま一番欠けている＝必要な要素**なのだ。

いい加減だけどきわめて前向きな インド人の「ノープロブレム！」

PART1〜6に至るまで、日本とインドの比較を通じて、さまざまな考え方を紹介してきた。いい加減さと厳密さの間をとった「70点主義」を目指す。自分の「市場価格」を常に意識し、「もの言う従業員」になる。さまざまな仕事を経験すると、ビジネス全体がより効率化できる。とりあえず謝る日本の自責性の問題。言いたいことがあれば最初に言う。自分が気使うべき人は5％にすぎない。自分のお金を「見える化」する。周囲の使えるものはためらうことなく使う、などなど。

こうして改めて振り返ってみると、実はこれらの課題は、いずれもひとつのゴールを目指していることがわかる。つまり「自分の人生に集中しよう」ということ。もっとかみ砕いて言うと

①自分の人生に本当に必要なものを見直す
②そこに集中する
③そしてそれを楽しむ

というステップだ。

私自身、インドで会社を立ち上げた当初はトラブルの連続で、まったく「楽しむ」余裕などなく、毎日疲弊していた。

そんな精神的にも肉体的にも非常に疲れ切っていたときのこと。社内でかなりタイトなスケジュールの仕事の進め方について、チームでミーティングしていた際、きわめて厳しい見通しであったにもかかわらず、インド人スタッフが、

「ノープロブレム！　きっとできますよ！」

と、のんきに笑顔で発言したのだ。

いつもの私なら、

「イヤイヤイヤ、できるわけないやんけ。この仕事量をちゃんと見ろや」

と不機嫌に怒っただろう。だが、そのときはとんでもなく疲れていたので、「きっとできますよ！」という響きが、とても気持ちよく耳に飛び込んできたのだ。

「ああ、ええなあ。こういうユルイ考え方。こういう生き方もあるんや」

と、ちょっと彼らの思考回路をうらやましく思ったのを、いまでも覚えている。

その後どうしたか。日程上どうしてもタイトであることをクライアントに説明し、少しだけ期限を延ばしてもらい、叱られながらもなんとか納品できた。

確かにインド人は、「期限」に対する意識が希薄であるし、その結果、実際にできそうにないことも「できます」と言い切るいい加減なところもある。だが反対に日本人のように、納期や完成度に過度に気をもみながら仕事に取り組んでいると、ストレスがどんどんたまってしまうのも事実だ。だからこそ、

「とりあえず、がんばりますわ。でも、がんばってもできなかったら、そりゃ、しゃーない。オレらのせいやないでぇ」

という考え方も、ある程度は、取り入れてもいいのではないだろうか。

日本人は、何ごともキッチリと物事を考えすぎる。時間を守る、これは当たり前としても、メールの出し方や、書類を送るときの表紙、名刺を交換するときの作法など、細かいマナーが、これでもかというくらいある。しかし、ちょっと立ち止まって考えてみればわかるように、こういったチマチマとしたマナーは、**会社の利益に何らつながっていないし、クライアントのほうのメリットにも特につながりはしない。**

会社のインド人スタッフを連れて日本に出張に行った際、スタッフが名刺入れからではなくポケットから名刺を出して交換していた。そこで私が、

「ちゃんと名刺入れから出すように」

と注意したところ、そのスタッフは、

「名刺交換の目的は、仕事の連絡先を教えることなのでノープロブレムのはずだ」

と言い返してきたのだ。私は、

「いや、それは日本の礼儀だからさ。ここは日本なんだから、日本のルールに従わないとダメだ」

と注意したが、正直内心では、

「ホントはそうやなぁ。ビジネス全体で考えると、どっから名刺を取り出したかなんて、大した話じゃないんやけどね」

と妙に納得してしまったのだ。

報酬10倍増を達成した貧しいガイドの一発逆転学習法

以前、妻とともに有名な世界遺産「タージマハル」を観光したことがある。

タージマハルまでは、私のインドの家から車で5時間程度なので、ドライバー兼ガイドをつけた。このガイドの日本語は、まさに「お上手」のひと言。ところどころ細かな間違いはあるものの、基本、まったく問題なく聞き取れる。

そこで「どこで日本語を学んだのですか？」と聞いてみた。すると答えはこうだった。

「全部ユーチューブですよ。日本のテレビ番組とかを、たくさん見て覚えました」

ｉＰｈｏｎｅは日本よりもインドのほうが高いが、いわゆる格安スマホは中国メーカーを中心に広く流通している。ガイドの彼は、そのスマホひとつで日本語を懸命に勉強し、日本人相手のガイドを始めたのだ。

それまではインド人の観光客の相手ばかりしていたので報酬も頭打ちだったが、日本語が話せるようになったら、報酬が一気に10倍以上になったという。

会話のところどころで突如現れる日本語のジョークが、ひと昔前の芸人のネタばかりだったのにも納得がいった。彼の観ている番組が、いずれも古いのだ。

ただ、やはり語学の独学、しかもユーチューブのみでの勉強は、かなり大変なはず。そこで、「どうして、そこまでがんばれたのか」と聞いてみると、彼は、

「いや、ボクはもともと貧しいんだけど、娘にはどうしてもいい教育受けさせたいんですよね。でも学歴もないし……。一発逆転を狙えるのって何だろうと考えたときに、外国人相手の商売かなと思って日本語の勉強をしました。こうやってお客さんと話すのも、毎日

いい勉強になってますよ」

と教えてくれたのだ。

「そうそう、これだよ！」と私は思った。

「うまい」と言っても、彼の日本語はまだまだ発展途上。しかし、それでも**自身の「市場価値」を決める武器になると見抜いて、それこそ見切り発車で、日々、果敢にビジネスシーンで勝負をしているのだ。**


ＰＡＲＴ１でも紹介したように、そのレベルの語学力だと、日本人は絶対に勝負には出ない。英語を話すより前に、

- **まずは文法をしっかり勉強し直そう**
- **単語を暗記しなければ**
- **話すのは、ある程度発音がよくなってから**
- **ＴＯＥＩＣ８００点くらい取らないと**

などなど、いろいろと〝あとづけ〟ならぬ〝先づけ〟の理由をつけては、実践にたどり着こうとはしない。

ところがそんな間にも、彼は自分のできる範囲で日本語を仕事で使う。合間にユーチューブで勉強する。結果、どんどん語学力に磨きがかかり、報酬10倍以上という成果を手に入れたのだ。

苦しまなくていいことに苦しむのは、もうやめにしよう

結局、日本人は「自縄自縛」になって、苦しまなくていいことを自分に勝手に課して苦しんでいるケースが多いのではないか。**「同じ練習でも、苦しい練習のほうが成果が出せる！」という古き悪しき体育会的なノリが、いまだに各所に残っている**のだ。

たとえば、本書で紹介した6つの事柄について、もう一度見てみよう。

①「70点主義」の気持ちで仕事に臨む
②「もの言う従業員」を目指す
③日本のビジネススタイルのメリットも認識する
④5％の人にだけ気を遣う
⑤自分のお金を「見える化」し、真剣に考える
⑥周囲の使えるものはためらわずに使う

これらは、いずれも実は悩まなくていいことなのに、知らず知らずのうちに世間の〝空気〟を読み取ってしまい、自分だけのルールを決めて結果苦しんでいるという、私たちを取り巻く現状の裏返しなのだ。

①では本来「そこまでやらなくてよい」し「お客さんもそこまで求めていない」のに、仕事で勝手に細かい目標を掲げてしまう。さらには、お客さんが決して見ることのない社

内業務にまで完璧さを求める。結果、現場は残業や休日出勤を強いられ疲弊していく。無論、こんなことはお客さんもまったく望んでいない。つまり誰も幸せにならない苦労を、日々積み重ねているのだ。

②に関しては、本来、従業員と会社の関係は対等であり、いつでも退職、転職できるはずなのに、すぐに転職するヤツは根性のないヤツ、会社には何も主張しない従業員がいい従業員という妄想を勝手につくり上げて、結果、不健全な関係になっている。

では、③はどうだろう。

たとえば、プラスの側面もある日本の人事制度を一方的にダメなものと見なさず、そのメリットをきちんと理解し、享受すべきではないか。欧米型のビジネスモデルの重要性を強調する人に限って、実は内容をあまり理解しておらず、見栄えのよさ、耳当たりの新しさだけを追い求めていることなど、よくある話だ。

④も同じだ。本来世の中で出会う人の95％は5年もたてば会わない人ばかりなのに、私たちはどんな相手の要求にも１００％応えようとしてしまう。本当なら残りの５％の人との関係にのみ、全力を注ぐべきなのに。

PART４でも紹介したように、**人との関係は基本的に日本式の「一期一会」ではなく、インド人経営者式の「イチゴイチエ」でいい**のではないだろうか。

⑤のお金も他人の呪縛が強い。本来私たちの人生における「燃料」ともいえる「お金」について、しっかり勉強したり主張したりすることは必要かつ正当な行為だ。ところが、日ごろからごく近しい人とすら、お金の話を避けようとしてしまう。これも、自分でつくってしまった「お金を話をすべきではない」「お金にガツガツしているのはみっともない」というイメージによる〝トラップ〟だ。

本来お金を稼ぐ、儲けることは偉大なことであり、それを求めるのはきわめて自然なはずなのに、日本人はお金持ちを非難する傾向すらある。これでは、ますます厳しくなる世の中で、自分のお金すら守れなくなってしまうだろう。

最後の⑥においても、〝世間の目〟を勝手にイメージし、行動範囲を狭めてしまっている。家族、友だち、あるいは社会福祉制度などなど、私たちの周りには使える有効な選択肢が山ほどあるのに、助けを求めることを「恥ずかしいこと」と考えて、自分自身を窮地に追い込んでしまう。これは、非常にもったいない。

日本人の潜在能力を開花させる、〝インド式スパイス〟とは何なのか？

私たちを取り囲む意味のない自主規制やマイルール。これらの存在をわかりやすく教えてくれたのが、２０１９年に入って相次いだ芸能界のスキャンダルだろう。何かしら事件で逮捕者が出るたびに繰り返されるのが、逮捕されたタレントたちに関連する作品に対する自主規制の動きだ。

「出演者が逮捕された作品の販売・上映・配信を禁ず」という法律があるのなら、一応理解はできる。だが、そんなものなどないのに、映画会社やレコード会社は皆、一様に作品をお蔵入りにする。当然、莫大なコストを投じてつくった作品は、世に出ず彼らは大損を抱えるにもかかわらずだ。しかも、作品を楽しみにしていたファンもがっかりする。

もちろん、この**お蔵入りによって、本来生まれたはずのビジネスチャンスもなくなるわけだから、ひいては経済全体にも悪い影響が及ぶことにもなりかねない。**

何ら法的根拠のない自主規制で、勝手に自分を縛り苦しむ……。日本で実によく見る光景ではないだろうか。

SNSもそうだ。日本人は次々と謎のマナーをつくってしまう。

本来、不特定多数の人とのコミュニケーションを楽しめるというのがSNSのメリットなのだから、その使い方も「ユルく自由に」考えるべき。だが、こんな世界にも、ルールを勝手につくりたがる輩がいる。

たとえばツイッターでは、日本ではフォローしていない人のツイートに返信する際、「フォロー外から失礼します」と書いてから返信するほうがいい、というマナーが一部で根強い。だが、**たった140文字しか書けないのに、その10分の1に近い12文字を、こんなどうでもいいルールのために浪費してしまうのは、とんでもなくムダ**なのではないか。

つまり、日本人の「自主規制」が、ツイッターという面白いSNSの便利さをも壊してしまっているのだ。

こうした「自主規制」や「マイルール」は、もともと日本人の生真面目さから生まれたものだろう。ところが私も含めて、いま多くの日本人が抱えているさまざまな問題や閉塞感のほとんどは、実はこうした自主規制やルールに従って、自分たちでつくり出してしまったものではないだろうか。

これは本当にもったいない。あらゆる面で他国がうらやむ、制度、文化、能力を持っているのに、その本来の力を自らのルールで発揮しないようにしてしまっているのだから。

そんな**「もったいない」を解消してくれるカギが、インド人が持っているマインド**ではないだろうか。彼らのいい意味での「ユルさ」「ポジティブさ」「人の目を気にしない姿勢」。そんな**インド人のマインドを「スパイス」として、ちょっとだけ私たちの仕事や生活に取り入れる。それだけで日本企業はもっと強くなるし、日本人ももっと幸せになれる。**そう確信している。

おわりに

ようやくこの原稿を書き終えるくらいのタイミングで、私はまた知人のインド人弁護士に会食に招かれました。ちょうど雇っているドライバーが休みをとっていたので、珍しくメトロで向かったのですが、駅の出口すぐにある中国語学校に面白い広告がありました。

「learn Chinese, and make big money!」（中国語を学んで大金を手に入れよう！）

私は思わず笑ってしまいました。日本の語学学校だったらどうでしょうか。

「僕はいま、『世界』で働いている。」

といった感じのコピーを、欧米人と会議している写真に載せる感じではないでしょうか。

実際は日本のビジネスパーソンだって、語学を学ぶ理由は、ほぼ「お金」ではないかと思います。給料が上がる、昇進ができる、いい条件で転職ができる……そんなところでしょう。

でも、どうも日本では、自分の願望や希望をストレートに表現することがはばかられる雰囲気があり、結局お互い何がしたいのかよくわからないという状況をよく見ます。そんな忖度や遠慮をし続けた結果、本当は達成できたはずの自分の希望がかなえられないように見えるのです。

全員が全員100％忖度していた、いままでの日本国内だったらそれでいいかもしれません。しかし、皆さんがもう感じているように、いま日本では猛烈な勢いで外国人が増えています。皆さんの会社に外国人上司や部下がやってくることも珍しくなくなるでしょう。

彼らは、よくも悪くも忖度も遠慮もしてくれません。忖度して遠慮して、さらには自分の行動を自主規制したままだと、せっかく生来の真面目さで手に入れた能力があったとしても、それを発揮することはできないでしょう。それは確かに「美徳」なのかもしれませんが、その美徳が通用しない時代がもうそこまで来ようとしています。

そして、そんな時代に我々日本人がうまく対応する術を、インド人の気質や考え方は教えてくれるような気がするのです。

本書を作成するにはあたっては、ビジネス社の大森さん、またプロデューサーの渡辺さんには大変お世話になりました。6000キロ離れた場所とのやり取りは問題が多く、大変ご迷惑をおかけしたのですが、何とかここまでこぎつけたのはおふたりのおかげです。ありがとうございました。

あとは、いつも現地インドの仕事でお世話になっているインド人の方たち、そしてインドで日々悪戦苦闘して商売をしている日本人の方たちにも感謝いたします。本書の内容は、そういった皆さんとの日ごろのやり取りのなかで得た気づきです。今後とも仕事やプライベートを通して皆さんと一緒に日本とインドがお互いにいい部分を学び合い、両国間の友好が深まればうれしい限りです。

2019年5月　デリーにて

野瀬大樹

[著者紹介]

野瀬大樹（のせ・ひろき）
公認会計士・税理士。大学卒業後、監査法人にて法定監査業務に従事。2009年に退職し独立。その後2011年、インド・ニューデリーにコンサルティング会社を設立する。現地では珍しい独立系会計士として、日本企業のインド進出支援、インド企業の日本進出をサポートしている。
ベストセラーとなった『20代、お金と仕事について今こそ真剣に考えないとヤバイですよ！』のほか、『家計簿が続かない人の貯金革命』（以上、クロスメディア・パブリッシング）『「結婚」で人生を黒字化する！』（祥伝社）、『自分でできる個人事業主のための青色申告と節税がわかる本』（ソーテック社）など著書多数。
Twitter アカウント：@hirokinose

企画協力：ランカクリエイティブパートナーズ
カバーイラスト：Katyau / PIXTA

お金儲けは「インド式」に学べ！

2019年6月1日　第1刷発行

著　者　野瀬 大樹
発行者　唐津 隆
発行所　株式会社ビジネス社
〒162-0805　東京都新宿区矢来町114番地 神楽坂高橋ビル5F
電話　03(5227)1602　FAX　03(5227)1603
http://www.business-sha.co.jp

〈装幀〉椋本完二郎
〈本文デザイン・組版〉野中賢（システムタンク）
〈印刷・製本〉シナノ パブリッシング プレス
〈編集担当〉大森勇輝　〈営業担当〉山口健志

ISBN978-4-8284-2103-2